JN121593

70代の台所

さあ、なに食べよう?

足立洋子

扶桑社

Christ is the Head
of this House
the Unseen Guest
at every Meal
the Silent Listener
to every Conversation

はじめに

ひとに料理を伝える仕事に携わって、四十年以上経ちます。
大切なひととの別れという大きな悲しみを経験し、
ひとり自分の人生について模索していた、五十代。
ＮＨＫ『あさイチ』に料理のスーパー主婦として出演し、
未知の世界でたくさんの新しい出会いと〝初めて〟に触れ、
元気に「楽しい、楽しい」と駆け抜けた、六十代。
そして、七十代に突入。

今年、わたしは、七十二歳になりました。
五十三歳のときに夫が急逝し、それ以来、ひとりで暮らしています。
以前と変わらず、忙しくも充実した毎日を過ごしているのですが、

六十を超えたときには考えもしなかった、
七十という年齢の壁を、ことあるごとに感じるようになりました。
この七十の壁が、なかなかどうして、分厚い。
目は霞むし、疲れやすいし、怪我もしやすい。
この先どうなるのかという、老いへの不安もわいてくる。
年齢の近い友人と会えば、すぐにこの話題で持ちきりです。

決して悲観しているわけではないのです。
「六十代と同じように、七十だって楽しいかも」とも考えます。
けれど、「本当かな?」と訝しむ気持ちもまたあって、
手放しにポジティブでいられるほど現実が甘くないことも、
加齢に伴う自分の心や体の変化から、ひしひしと感じているのです。

そんなときに、この本のお話をいただきました。

「今の揺れる等身大の自分を、客観視できるかも」。
そう思ったら「新しい七十代を迎えられるかもしれない！」と、
とてもワクワクしてきて、すぐさま、
快諾のお返事をお送りしたことを覚えています。

食事のこと、家事のこと、暮らしの知恵や工夫に、日々のお楽しみ、
ときには小さな悩みや不安についても。
この本では、昔の暮らしも思い出しながら、
七十二歳のわたしの生活をそのままに、ありのままにお話ししています。

どうしても、「これからますます元気に」とはなりません。
けれど、老いのスピードができるだけゆっくりになったらいい。
心の持ち方は、自分にしかお世話できないことだから、
小さなワクワクを見逃さずに、好奇心いっぱいに

日々を楽しく過ごせる自分でいたい。

「今日が一番若い日」という、有名な言葉があります。
「今日が一番若い」と意識しながら、一日一日を積み重ねていったら
その先には何が待っているのでしょうね。
恐れでもあり、未知の面白さも兼ねたその未来が、
願わくば明るいものでありますよう、小さな祈りも心に秘めて——。

目次

3 自分の喜びは自分でつくる

4 自分が心地よく暮らすための、小さな工夫

レシピについて
＊レシピ中の小さじ1は5mℓ、大さじ1は15mℓ、1カップは200mℓ、いずれもすりきりです。
＊使用するメーカーによって、調味料の塩分が異なる場合があります。また、熱源や調理道具によっても仕上がりに差が出ます。まずはレシピ通りに作ってみたうえで、お好みに合わせて調節してください。
＊おかずを作りおきする際は、清潔な保存容器に入れて保存してください。保存状態によっては傷みやすくなることもあるので、保存期間内であっても早めに食べきるようにしましょう。
＊とくに断りがない限り、掲載している商品の価格は税込みです。また、価格や連絡先などのデータは、2024年1月時点での情報です。

「全国友の会」とは
雑誌『婦人之友』の読者の集まりで、1930年に発足。以降、全国各地に「友の会」を設立し、2021年時点で国内に172、海外には8の支部があり、会員数は約14500人。本書では、主に「友の会」と記載しています。

My Daily Life わたしの一日

頭が働く午前中は仕事を中心に、午後はのんびりが基本です

起床・ベッドメイク …… 6：30

起床後は洗面所に向かい、体重を量るのが日課。着替えて洗面、軽くスキンケア。ベッドメイクをして寝室をきれいな状態に整えておきます。

白湯を飲む・日めくりカレンダーを音読

水をレンジで温める間に、今日の格言を音読。耳の痛い話には「はいはい♡」と苦笑い。その後、趣味として電気とガスのメーターの数値を記録。

朝食 …… 8：15

朝はパン派。フレンチトースト（P.100）やブリオッシュ、オープンサンド（P.22）に、サラダ（P.99）やヨーグルトを。

外で仕事がある日はお弁当作り

「友の会」の仕事で出かけるときは、お弁当を持参。大半は残り物のおかずですが、朝に魚を焼いて入れることも。

9：00 …… 家事や家での仕事

頭が冴える午前中に、パソコン仕事などを集中的に行います。洗濯は2～3日に一度、掃除は月曜日に、アイロンは土曜日に（P.118）1週間分を。

撮影の仕事があるときは…

雑誌や書籍などの料理撮影では、一日に20品もの料理を作る場合も。下準備を万全にしておき、効率よく進めます。

12：00 …… 昼食

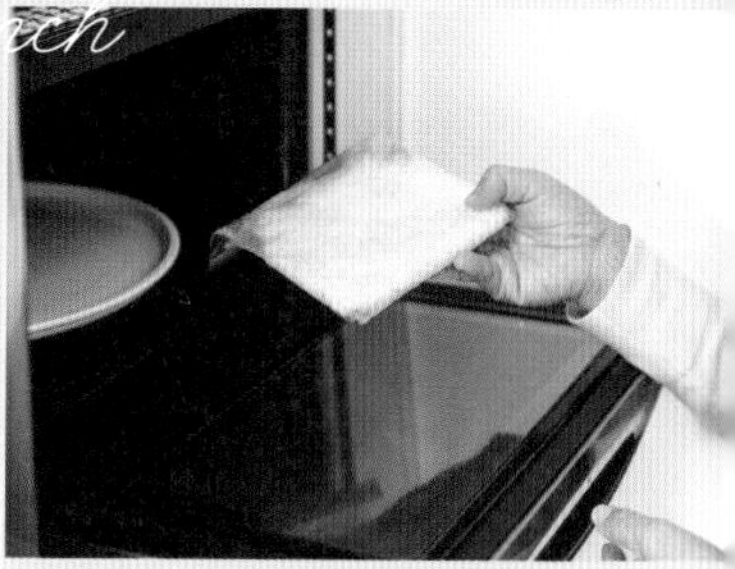

ご飯は冷凍庫から、おかずは冷蔵庫からいつかのわたしが作った料理を選び、ともに温めれば瞬時に昼食が完成。米は４合分を一気に炊き、そのとき食べる分以外は、1食約180gとし、小分けにして冷凍保存しています。

夜のスープの仕込み

「このところ、どうも野菜不足」。そんなときはスープが一番。昼に野菜スープ（P.101）を仕込めば、夜にはいい具合に煮えています。明日は牛乳を加えてミキサーにかけ、ポタージュにする予定。

お昼寝 …… 13：00

昼食を片付けたら、ちょっとひと休み。ソファで横になってお昼寝することも。たまに気がつくと夕方（汗）。

ゲームをする日も！

四字熟語、クロスワードなど、スマホゲームにハマってます。

仕事の続き …… 14：00

忙しい時期は、引き続きパソコンで仕事を再開。余裕があるときは、インスタグラムを更新したり……。

仕事や家事を引き続き…

前日に洗濯し、室内に干していた洗濯物が乾いていたら、畳んで箪笥にしまいます。仕事中は座りっぱなしにならないように、アップルウォッチを見ながら、1時間に1回は立ち上がるなど、軽い運動を忘れません。

夕食 …… 17：00

主食は一日に2食しか食べないようにしているので、夜はお肉を焼いたり、作っておいたスープを温め直す程度。食後は片付けのあと、台所の床を水拭き。玄関の靴を拭き、サンダル1足以外はしまって、一日の締めくくりとします。

19：30 ……入浴後、丁寧にスキンケア

入浴後、お風呂の掃除もその流れで済ませたら、真っ先にまつ毛美容液を塗ります。変化することがわかってから、お顔のマッサージも欠かしません。

20:00に眠る日も…！

くたびれてどうしようもない日は、台所の片付けもそこそこに、入浴だけは済ませて早々にベッドに潜り込むこともzzz。

My Daily Life

21：00 ……テレビを観たり仕事をしたり

テレビを観たり、スマホゲームをしたり、のんびり過ごします。頭が働かないので、仕事はメールの返信ぐらいに。

23：00 ……漢方を飲んで就寝

病院で処方された便秘薬はどれも効かなかったのが、漢方医に相談したところ、これがテキメン。必ず3種飲んでから就寝します。

寝室には大好きな本と。『柏木由紀子ファッションクローゼット』（小社刊）

折々の野菜や果物を漬けておいた瓶詰め。右上からブルーベリーのジャム、赤大根の甘酢漬け、さくらんぼのジャム、梅酒、レモンの氷砂糖漬け

1

七十二歳、ひとり暮らしの台所

「さあ、明日はなに食べよう！」とワクワクしながら眠りについて

「このところ、献立を考えるのも、食事を作るのも面倒で……」

「自分ひとりのために作るのがどうにも億劫《おっくう》なのよ」

「足立さんは毎日お料理を手作りして、本当に偉いわぁ」

七十を過ぎてから、そんな声がちらほら聞こえてきます。え〜わたしなんて、夜ベッドに入ったとき、明日食べるものを想像してワクワクしているのに!?

昨日、道の駅で買ってきた新鮮な葉野菜が、朝のサラダね。

根菜はどうやっておいしくいただこうかしら。

ミートソースのパスタが食べたいから、そろそろまとめて作っておきましょ。

そうだ、おやつにはお友達からのいただき物があるわね。と、こんな具合。

料理のアイデアを思いついたり、レストランでおいしいものをいただいたりすると、すぐに作ってみたくなる根っからの料理好き（食いしん坊とも）。とくにひとり暮らしになってからの料理は、変化の少ない地続きの日常のなかで、ふっとリフレッシュできる存在にもなっています。でもだからといって、「料理は手作りが一番！」なんて、これっぽっちも思っていません。外食はもちろん、市販のお惣菜も、フリーズドライの食品や冷凍食品も、大歓迎。定期的にやってくるやる気ゼロの日には、料理を作る気がわかず、買ってきたおかずが食卓に並ぶことも。でも、「おいしかった」、「ちょっとイマイチ」と味の感想は多分にあっても、作らなかったことへの罪悪感はありません。にっこり「ごちそうさま！」、でおしまいです。

もし、毎日の料理に悩まれていたら、真面目に頑張りすぎているのかもしれません。手作りすべき、栄養も考えるべき、とたくさん考えすぎて、結果自分への重荷となってしまっているのかも。この際、義務感はすっかり手放しちゃって、気分転換を図るような心持ちで台所に向かわれたらどうでしょう？

自分のためだけに作る気力がわかないというお気持ち……よくわかります。けれど、逆に言えば、それは作った料理に対して文句を言うひとは誰もいない、究極に気ままな食卓であるということ。同じおかずを続けて出して、「一体何日これを食べ続ければ気が済むの!?」なんて憎まれ口を言う家族もいなければ、家族それぞれの味の好みをあれこれ考えあぐねる必要も、まったくないのです。

いつも買っているマルちゃんの焼きそばは一袋三食入りなので、わたしは野菜とお肉をたっぷり加えて三食分を一気に作り、できたて一食をその日に食べたら、残りは冷蔵庫へ。二日連続や、一日おきにいただきます。ミートソースや煮豆、それから餃子などもたっぷりとまとめて作って、冷凍しています。鶏天（P.103）も胸肉二枚分を一気に揚げてしまって、食べない分は冷蔵保存。おでんを作った日には、「今週一週間は食べられるわね」なんてウキウキ喜んじゃうぐらいです。そう、わたしのいつもの食卓は、そのときに調理したものでないことがほとんど。冷凍庫と冷蔵庫にストックしてあるいつかの自分の料理から、そのときの気分で食べたいものを温め直しているだけ、という日が圧倒的に多いのです。

だってその方が、らくちんだから。

そうやって、料理するときは多めに作り↓食べて↓保存、というサイクルを続けていくと、ときに半端に残ったおかずが数種、冷蔵庫にスタンバイしている状態になることがあります。それらを一枚のお皿にとりどりに並べるのがまた、目にも賑やかで、とても楽しい。このおかず類を一度で作ろうとすると面倒で仕方ありませんが、わたしのワンプレートは一瞬でできあがります。

毎日同じものを食べて、飽きることもあるんですよ。でも、それよりも、らくさを優先したい、面倒くさがり屋。ひとりの食卓はとっても自由で気楽で、自分勝手。そのよさを丸ごと楽しめたら、もっと気軽に台所に向かうことができるのかもしれませんね。

〈わたしの普段の食卓から〉
朝はこんなものを食べています

冷凍しておいた好みのパンを主役に、
野菜を添えてときどき果物。飲み物は
牛乳を摂取するためのカフェオレが定番。

MENU オープンサンドとヨーグルト

玉ねぎのドレッシング漬け（P.99）にツナ、マヨネーズを合わせて食パンにのせ、上にシュレッドチーズをかけてオーブントースターで焼いたオープンサンドは、ボリューム満点。ヨーグルトには、手作りのいちごジャムと鉢植えからミントの葉を添えて。

MENU フレンチトーストと野菜サラダ

フレンチトースト（P.100）にはメープルシロップはかけず、卵液に甘みを加えて、焼きたてに有塩バターを。サラダは、サラダミックス（P.99）があれば盛るだけで完成します。ドレッシングを入れた木製ハンドルの器は、お友達と一緒に買ったお気に入りです。

わたしの食日記

2022年2月21日（月）

カレーには手作りのチャツネを添えるのが常。チャツネは『会食の日の献立』（婦人之友社）のレシピがおいしくて、一度に2単位作るお気に入りです。みょうがの甘酢漬けに大根のしょうゆ漬けも一緒に。

2022年1月11日（火）

北海道あるある？なメニュー。 北海道のお赤飯は、餅米に甘納豆を加えて作るのです。はい、大好物♡お正月の残りの京にんじんを加え、グレードアップさせた豚汁とお漬物がおともです。

2022年3月13日（日）

お豆腐を塩で漬け込んだ「塩豆腐」は、もっちりとした食感がお気に入り。今日はその塩豆腐をメインに、ベビーリーフや菜の花、フルーツトマトとサラダに。帆立のヒモと卵巣のバター炒めも添えて。

2022年2月9日（水）

ちぢみほうれん草の和風ガーリックスパゲティは、ゆで時間6分（1.4㎜）の麺をゆでる間に具材を調理して、麺のゆで上がりと同時に完成。味付けは、「あらびきガーリック」と「低塩だし醤油」（P.29）です。

インスタグラムで気ままに綴っている日々の食生活。
普段のお昼や夕飯は、こんな感じです。

◎2023年4月24日（月）

立派に見えて、実は先々週に撮影で作った料理や、以前作ったおかずの余りの盛り合わせ。炊飯器で作ったエビピラフに、王子サーモンの冷凍クリームコロッケ（P.111）、果物はオレンジを。

◎2022年10月7日（金）

恒例のお楽しみ行事（P.66）で拾った去年の栗（冷凍しておきました）で、山菜栗おこわをたくさん炊きました。冷凍栗で作ったとは思えないほど、ほくほく！ いろんな方へおすそ分けする予定です。

◎2023年6月11日（日）

大好きな卯月製麺の「ほっそり細そば」に、甥嫁ちゃんからいただいた羅臼のめんつゆを合わせてつけそばランチに。羅臼産の昆布が、わたしは大好きなのです。トッピングには、素揚げしたかわいいにんじんを。

◎2022年10月13日（木）

いただいたぶどうのマスタードを食べたくて、冷凍しておいた手製のローストポークに、じゃがいものオリーブオイル焼きを。クリームタイプのコーン缶に牛乳を合わせ、コンソメで調味した簡単スープも添えて。

わたしの相棒、冷蔵庫の整理法

わが家には、台所に冷蔵冷凍庫が１台と
主にパン保存用の冷凍庫が別に1台あります。

冷蔵室は定位置を決めて使いやすく

台所にある冷蔵庫は、写真のように段ごとに保存するものを決めています。すると出し入れしやすく、足りないものもひと目で把握できるように。また、常にゆとりを持たせるのもポイント。とくに2段目は、サラダやゼリーなど、直前まで冷やしておきたいものを入れるスペースとして、必ず半分空けています。甘酢漬けなどの手作りの瓶詰めは、逆さまにして保存。こうすると、しっかり漬かった方から先に食べられます。

使い切りたいもの、よく使うものはひとまとめに

冷蔵庫の２段目が定位置のスタンバイトレイ（上）は、翌日に食べる予定の冷凍品の解凍スペースとして、また、早めに使い切りたい、消費期限間近の食材の置き場所として、活用しています。昼や夜は、まずはここを見て食事を準備する、という感じです。３段目の赤いかご（下）は朝食セット。トースト用のジャムやピーナッツバターにマスタード類、ヨーグルトにかけるコンフィチュールなどをまとめています。

ストック食材と定番調味料

右上から北海道産の乾燥丸干しきくらげ、緑豆春雨（長さ10cmタイプ）、白花豆、トマト缶、クリームコーン缶、アマノフーズのインスタントみそ汁

保存しておくと
助かる食材と、いつもの調味料。
わたしのお気に入りたちです。

乾物のほか、缶詰やフリーズドライ食品を

あんかけ焼きそばや炒め物に使う干しきくらげや、まとめて甘い煮豆にすることの多い白花豆は、北海道産がおいしい。緑豆春雨は、カット済みものが使い勝手がよくおすすめです。同量の牛乳を加えてコンソメで調味すれば、簡単にコーンスープが作れるクリームコーン缶は、お手頃のタイ産を愛用中。お昼の汁物に重宝するアマノフーズのみそ汁は、おいしくて種類も豊富なので、大量にストックしてあります。

瓶に詰め替えた「茅乃舎だし」(茅乃舎)、「羅臼昆布だし」(羅臼漁業協同組合)、マギー コンソメ、「低塩だし醤油」(鎌田醤油)、「ガラスープ」(ユウキ食品)、「あらびきガーリック」(GABAN) はとくにお気に入り

スーパーで買うものから、お取り寄せまで

コンソメや出汁パックは、使いやすいように大容量のものを瓶に入れ替えて保存しています。塩は、毎週買い物に行く生協で買えるものを。砂糖は、味が決まりやすいグラニュー糖を愛用しています。昆布出汁の「羅臼昆布」とGABANの「あらびきガーリック」は、最近のヒット。出汁は昆布の旨みが濃厚で、ガーリックはにんにくの風味がしっかり感じられ、ペペロンチーノを作るのにも自信を持っておすすめできます。

食卓を彩るものたち

ひとりの食卓の賑わいのために
テーブルスタイリングを楽しんでいます。

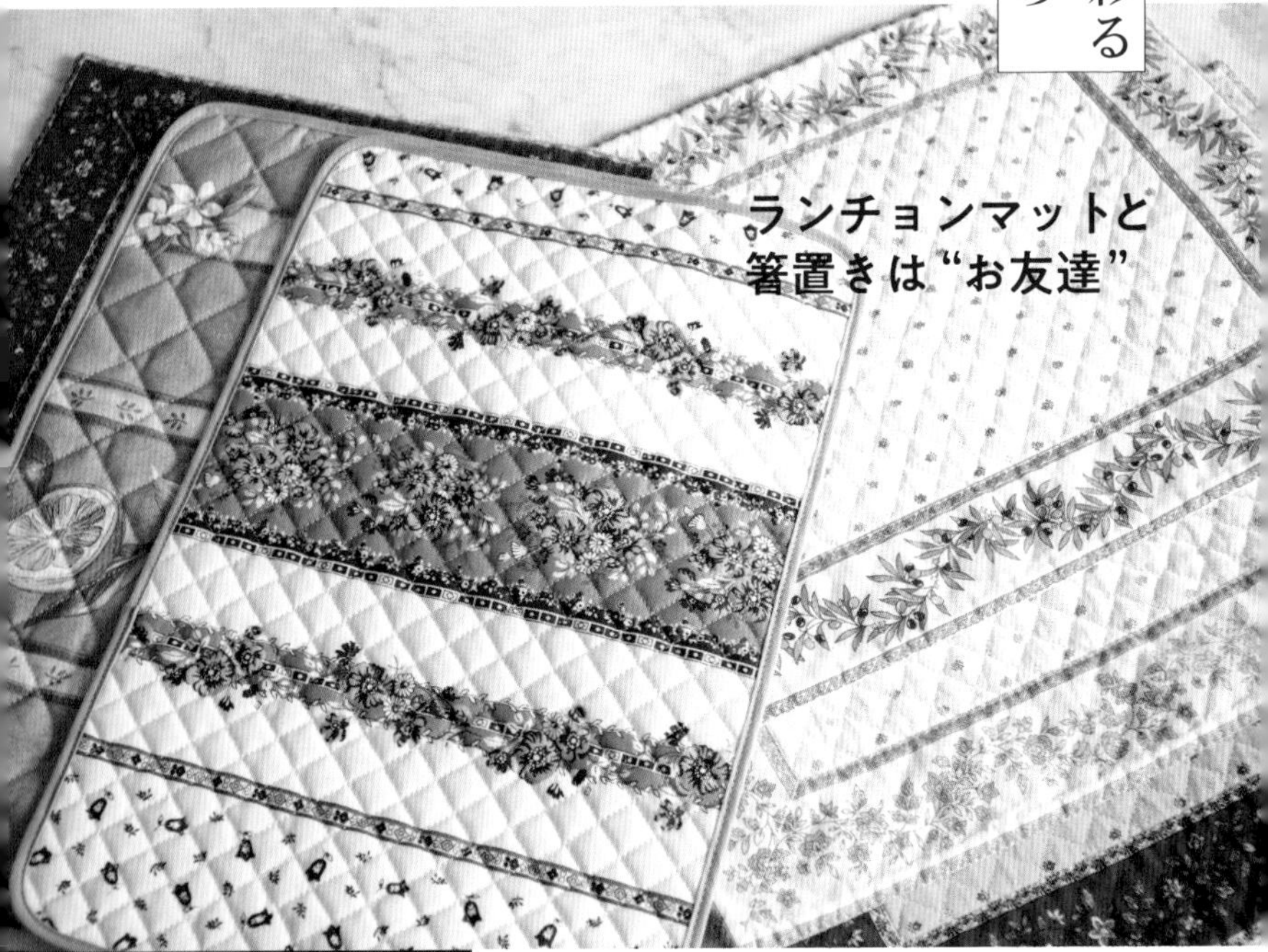

ランチョンマットと箸置きは“お友達”

家族や誰かと囲む食卓は、それだけで楽しいもの。料理もたくさん並ぶでしょうし、おしゃべりの話題にも事欠かない。比べるとどうしても寂しくなりがちなひとりの食卓ですが、そんなテーブルを華やかに盛り上げてくれるのが、ランチョンマットと箸置き。どちらも食事のときの大事なわたしの“お友達”です。

器は色のトーンを合わせて

ひとりで暮らすようになって、食器のセット買いをすることがなくなりました。けれど色のトーンを合わせて手持ちの食器を組み合わせれば、チグハグな印象になることはありません。藍色が好きなので、ついこの色のものが多くなりますが、北欧のアラビアも和食器も、ロイヤルコペンハーゲンも、意外と仲良くテーブルに納まります。来客があってお皿がたくさん必要なときも、色味を合わせれば素敵にまとまります。

高齢のひとり暮らしだからといって
調理道具全部を小さくする必要はありません。

小ぶりがよいもの、「大」は「小」を兼ねるもの

若い頃から愛用している調理道具を、何の考えもなしにそのまま使い続けると、自然と無理が出てきます。詳しくは次頁に書いていますが、まずは、人数が変わることで作る量は変わりますし、加齢に伴う体力的な衰えも、道具選びには大きく関わります。写真のものは、そんな基準をクリアした精鋭の調理道具。とくにスイスの五層鍋２つ（写真左上と右上）は、昔から今も変わらずに、50年以上毎日助けられています。

お鍋は16cmと18cmで事足りる。フライパン・まな板・ボウルは大きいものを

ひとり暮らしになると、基本的に普段の食事作りに大きい鍋は必要ありません。それに年齢を重ねると重い鍋は扱いづらく、洗うのも一苦労。仕事柄、いまだに大きな寸胴鍋も持っていますが、そのわたしですら、先日とうとう無水鍋は手放しました。少量のお水で野菜を蒸すことができたり、ケーキを作ったりと、母の代からよく使ったとても愛着のあるものでしたが、どう考えても今の自分の暮らしには見合わない。火の入り方がやさしくて好きだったル・クルーゼの重たいグリルパンなども、そろそろ処分対象です。それから特別な調理道具も不要になりました。わたしの場合は、パン焼き器もレディースミキサー（生地を混ぜたりこねたりできる機械）も、ひとりになって手放しました。

歳を重ねながらのひとり暮らしでわかったのは、一般的な七十代の普段の暮ら

しなら、鍋は口径16㎝のものと18㎝のものの、二つあれば十分ということ。一つの鍋でみそ汁やスープなどの汁物を作り、もう一つで野菜をゆでたり、煮物やかき揚げを作ったり。湯を沸かすのも揚げ油を熱するのも、小鍋の方が効率はいいですから。豚汁などはまとめて作りますが、そもそもひとり暮らしなので、18㎝のもので作っても数食分となり、十分間に合います。わたしは結婚したときに伯母からいただいた、同サイズのスイス・スプリング社の五層鍋を、もうかれこれ五十年以上、愛用しています。

じゃあ、どんなものも小さいサイズに替えればいいかというと、それはちょっと待って。「大は小を兼ねる」調理器具もあるのです。

それが、フライパン、まな板、ボウルの三つ。わたしが炒め物をするときに使うのは、口径26㎝か28㎝の、中華鍋のような深さのあるフライパンです。どちらもひとり分を作るにしてはだいぶ大きなサイズ。けれど、小さいフライパンだと食材が外へ飛び散ったり、また食材が飛び出ないように気をつけることで作業が窮屈になったりしませんか？　それがわたしは嫌。また深さがあることで、チャーハンを作るときもノンストレス！　大きくかき混ぜても、材料があちこちに飛び出ることはありません。小さいフライパン（口径18㎝）も持ってはいますが、それは朝食用のフレンチトーストや目玉焼きを作るときぐらいです。

まな板も、小さいサイズで食材が転がり落ちないように気をつけながら切るよりも、のびのびと切れる大きいサイズの方が圧倒的に便利。腕の動作も制限されません。ボウルで混ぜる作業だって同じです。まな板に至っては、先日ひとり暮らしの息子の家に行ったときに、母親心でついつい大きなまな板に替えてきてしまったぐらいですから。

フライパン（中華鍋）、まな板、ボウルの三つは、ぜひ「大は小を兼ねる」と心得て。一度大きいもので調理してみると、小さいときにいかに調理にストレスがかかっていたかがわかると思います。

My history Column 1

父と母のこと

父は、北海道大学水産学部に勤務していました。練習船の船長も兼任していましたから、学生たちやほかの先生たち、船の乗組員の方たちとともに１年のうち８か月は海の上を研究室とした暮らしでした。原油不足もなければ、200海里水域という領海の規定もない時代。父は晩年、夏は北半球、冬は南半球と、次から次と研究材料が待つ場所へ自由に航海に出られた本当にいい時代だったと言っていました。

わが家は母子家庭のようでしたけれど、一度も寂しいと思った記憶はありません。毎年12月に入ると、どこかにいる（笑）父から、必ずキラキラの砂が光っているアドベントカレンダーが送られてくるのですが、それが届くと、長い航海を終えて帰ってくる合図。カレンダーを１日ずつあけながら、父の帰りとクリスマスを楽しみに待ちました。帰ってくると、８㎜フィルムのスライドで上映会が開かれ、見知らぬ土地のお土産話をワクワクして聞いたものです。

オーストラリアから帰ってきたときには、「洋子と似た動物がいたんだよ。一日中木にぶら下がってごろごろ居眠りをしてるんだ」と、まだこちらでは知らないひとの方が多かったコアラの話をしてくれました。

父は、学校の先生というよりは外国船の船長さんというイメージでした。とても楽しくて、わたしはかなり影響を受けていると思います。父がいつも言っていたのは、「できないことが恥ずかしいことではないよ。それを隠すことの方がよっぽど恥ずかしいんだ」ということ。あまりに何度も聞かされてきたわたしは、できないことを恥ずかしいと思わずに過ごしてきました。そんなわたしに、母は「あなた、できないことをいばらないで、もう少し慎み深くしていたら」と言っていましたけれど。だから、今でもひとと比べたり、自分ができずに落ち込むということがほぼありませんが、これがよ

右：父、母と生後３か月前後のわたし。左：小学校入学当時のわたし。セーラー服が制服の学校でした。

From my memory

思い出の味

父はわたしの料理をよく褒めてくれました。なかでも覚えているのがハンバーグ。「なぜハンバーグに入れる玉ねぎは炒めるの？」と子ども心に不思議に思って、生の玉ねぎで作ってみたところ、「玉ねぎが適度にサクサクしていて、この食感がすごくおいしいね！」と父。そうやって褒められると嬉しいから、ますます調子に乗って作って、また褒められて。その繰り返しで育ちました。

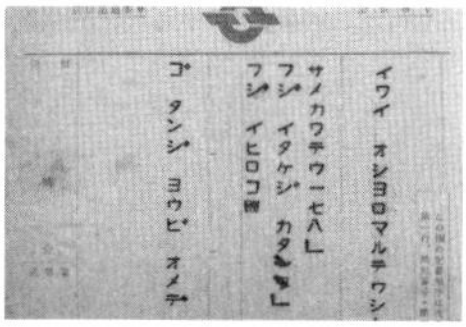

イワイ　オシヨロマルテワシ
サノカワテウ一七八」
フジ　イタケジ　カタ
フジ　イヒロコ
ゴタンジ　ヨウビ　オメデ

わたしが誕生日を迎えるとき、船上から父が送った思い出の祝電。

かったのか、悪かったのかは「？」です。

海外の大学の研究者の方や、行き先で親しくなった方々が、わざわざ日本のわが家を訪ねてくださることも多かったのですが、「子どもだからあっちに行っていなさい」と言われることもなく、お客様をお招きするのは楽しいことと思いながら育ちました。

こんなに日常いなかった父ですから、子どもたちにはおおらかでした。一方、母はわたしからすると、“教育ママ”でしたけれど、テレビなどで目にする典型的な教育ママたちともまた違っていました。習い事をいくつもさせられて、家庭教師は２人、ピアノの先生も２人いました。お行儀が悪いのはダメ、着ていくお洋服は母が選んだワンピース、テストの日にはカレンダーにしっかりと「洋子　テスト」と書き込むぐらいの熱心さ。でもこれが、男の子だからか２人の弟にはまったくノータッチ。弟たちに細かいことでうるさく言っているのを見たことがありません。

自由奔放で好奇心旺盛なわたしに、母は絶えず気を揉んでいたのだと思います。「母とは合わないなー」とずっと思ってきましたけれど、とにかく交際範囲が広く、ほぼ父のいない家庭を明るく元気にもり立ててきてくれたことを考えると、「実は、一番似ていたのかも？」と思うこの頃です。もともと母が「友の会」の会員でしたから、珍しいお料理やお菓子を習ってくると家でも必ず作ってくれて、「目をつぶってもできるわよ」と言うぐらいマスターしていました。「ピアノのお稽古を、言われないでもしたら」という条件つきで、シュークリームも、ロックケーキも母に教えてもらいました。

父は、一番のおもてなしはわが家にお呼びすることと言っており、とにかくお客様の多い家でした。わたしが、言葉が通じなくても、気楽にひとをお呼びできるのは母から受け継がれたものだと思います。

2

五十三歳で、夫を見送って

三人暮らしから、急にひとり暮らしに。その意味を考えて

娘は中学から親元を離れて東京で寄宿舎生活をしていましたので、長いこと夫と息子、わたしの三人暮らしが続いていました。息子は地元・苫小牧の中学、高校を卒業して、札幌の大学へ進学。しばらくは高校教師を目指していました。その息子もついに新たな道を見つけ、家を離れることに。空の青さが眩しい、秋晴れの朝が旅立ちのときとなりました。

結婚以来、朝の早い仕事だった夫は、朝食は自分で支度して済ませるのが常でした。「僕の食事を作るためにわざわざ早起きしないで」と言う彼に、「はーい!」と素直に従って三十年。それは夫の退職後も変わらず、彼の起きる時間にわたしは寝ているのが当たり前、という感じ。けれど、どういうわけかこの日に限っては、わたしが朝食を準備したのです。ご飯派の夫におみそ汁を作って、

「パパ、いよいよ二人暮らしが始まるね」と一言。

「ちょっと恥ずかしいね」と夫。

「でもすぐに慣れるね」とわたし。

朝はパン派のわたしは、おそらくパンを食べたのでしょう。息子を見送ったあと、初めて夫と二人で囲む、なんだか照れくさい朝ごはんは、しかしこれが最後の出来事ともなりました。その日に、夫が急逝したのです。今でも鮮明に覚えている、十月一番の寒さを記録した日。澄み切った青空が美しい、二〇〇五年十月の終わりのことでした。


結婚して間もなく妊娠したわたしは、当時は夫の仕事の都合もあり、わたしだけ実家に住んでいました。だから夫婦二人きりの朝ごはんはもちろん、まず二人で暮らした経験がない。三人暮らしから、「さあいよいよ初めての二人暮らしになるぞ」というタイミングで、一気にひとり暮らしとなったわけです。

わたしはずっと〝家族の食卓〟をテーマに活動してきました。家族全員揃っての食事の喜びだとか、みんなでテーブルを囲む楽しさや幸せだとか、そういうことを大事に思いながら家庭料理に親しんできました。「お母さんの笑顔が一番のご馳走」と、幾度言葉にしたことでしょう。

そのわたしに、なぜ、〝家族の食卓〟がなくなったのだろう――。

当時、夫を亡くした寂しさとともに、こんなことをよく考えていました。決して恨みごとではないんです。けれど、どうして誰よりも家族の食卓を大事にしてきたわたしにこういうことが起きたのだろうと、しごく冷静な気持ちでこの問いに向き合っていました。

夫が亡くなって二か月を過ぎるぐらいまで、わたし、包丁を持てなかったんですね。そのぐらい落ち込んで、毎日冷凍のケンミンの焼きビーフンばかり食べていました。「もうすぐお正月で娘夫婦と息子が帰ってくるというのに、もうごはんが作れなくなっているかも……」と本気で自分を心配するぐらい、料理はできませんでした。けれど、子どもたちが帰ってきたら、以前と同じように作れた。「それは当然でしょ」とお思いになるかもしれません。でも、わたしにはそのことがものすごく嬉しくて、その事実に救われました。

そうして思い至ったのが、わたしは今まで家族のために頑張ってきたのだろうから、「これからはほかのひとのために何かしなさい」と言われているのかな、ということ。次の役割が与えられたのではないか、と。

掃除や片付けはしなきゃしないで済むけれど、毎日のごはんは誰かがどうしたって作らなくちゃいけない。それなら料理をおいしく作れるひとよりも、楽しく作るひとを増やしたい。だってそうすれば、日本中の食卓に、みんなの笑顔という一番のご馳走が並ぶから。

わたしが伝えてきたのは、そしてこれからも伝えていきたいのは、レシピではなく、そのレシピによって育まれる、家族の食卓の在り方そのものでした。

今も、自分の役割を考えている毎日です。

ひとりになったから、できたことがありました

夫が亡くなってしばらくは、やはり途方もない悲しさと寂しさの真っただ中に佇んでいました。でも、二か月後、どうしても「友の会」の仕事で東京に行かなくてはならない。周りからは、「行く必要はないよ」、「休みなさい」とさんざん言われたのですが、初めてのひとり暮らしをスタートさせたばかりの息子の手伝いもあって、赴くことに決めました。そこで、一九九〇年から二〇〇四年まで、わたしの母校である自由学園の学園長を務めていた故・羽仁翹《ぎょう》先生の奥様が、声をかけてくださったのです。

「よく頑張っていらしたわね。でも、らくでしょう？」と。

羽仁さんは、前年に翹先生を亡くしていましたから、お会いしたときには一年が経過していたんですね。わたしは夫を亡くしてまだ二か月で、「らく」という感覚には及んでいない。けれど、羽仁さんは時を経てその境地まで辿り着いたんだなと、ぼんやり思いました。

仲の良い後輩は、当時、「今にね、パパ、あのとき生きてくれなくてありがとうって思うときが来るから」と言いました。「ご主人が看病が必要な状態になっていたら、息子さんの手伝いぐらいなんかで東京に行くとか言っていられないのよ。ご主人に付き添っていないといけないんだから。わたしはもう、今までパパありがとうっていう心境だよ」って。彼女は、わたしの夫が亡くなる七年前に、一年間の大変な看病生活を経てご主人を見送っていました。

翌月、また東京に行く用事ができました。準備する最中、ふと思ったのです。「あ、何も作っていかなくていいんだ」。夫は手のかからないひとで、昔からわたしが家を空けるときも、「何もしていかなくていいよ」と言っていました。それでも、誰かを家に残して出るとなると、わたしはやっぱり気になりますから、おでんを作ったり、シチューを作ったり。煮込むとおいしい何かしらの食事を必ず作ってから出かけていました。それが今回は必要ない。自分の身ひとつ、都合ひとつで身軽に動ける事実に、「ああ、わたしでもやっぱりパパに気を遣っていたんだなぁ」と、結婚して以来、初めて気づいたのです。

それから約一年後の三月、わたしの父の七回忌のときに、今度は母が「らくでしょう?」って言うのです。しまいには「この六年間はお父様からのプレゼントみたいな時間だったわ」とも……。

羽仁さんの言葉も、後輩の言葉も、母の言葉も、そのときはよくわかりませんでした。でも、時間が経過することでそんな心境になるのだなと漠然と思いながら、夫を先に送った同志のような方たちがわざわざわたしに伝えてくれたことを、とてもありがたく思ったことを覚えています。

六十歳のときに出演したＮＨＫの朝の情報番組『あさイチ』は、わたしにとっての大きな転機となりました。このときに夫が生きていたら、あんなにもスムーズにはいかなかっただろうと、今になっても思います。娘も「ママ、パパがいたら、いくらパパが何も言わないひととはいっても、あのとき収録へは行けなかっただろうね」とよく言っています。確かにそうだと思います。何せ急遽決まったお話で、すぐに東京へ飛んでいかねばならない状況。そのときに「大丈夫よ、全部そちらに合わせられますから！」と迷いなく答えられ、なんの気がかりも誰への遠慮もなく、最後まで情熱ひとつでただひたすらに突き進むことができたのは、ひとりの身軽さがあったことも大きいでしょう。そうして、いつからか、なんとなく「〝今のわたしだからできること〟をしよう」という思いを携えながら、歩み続けてきたように思います。

そんな思い出の『あさイチ』出演からもうひと回り、十二年が経ちました。「友の会」の仕事も、出かける予定も、お友達を家に招くことも、本や雑誌の撮影も、全部自分の都合だけで決められる今の自由と身軽さは、夫が与えてくれたプレゼントなのかもしれません。今やっと、そう思えます。

わずかばかりの責任感と義務感が、落ち込んだ自分を持ち上げて

夫は十歳上で、とにかく好奇心が旺盛なひとでした。そこに何があるか確かめもせずに飛び込んでいくようなヤンチャな性格でしたから、彼を見送るのはわたしだろうと、漠然とした覚悟を持っていたように思います。外出先で倒れたと連絡があって急いで病院へ駆けつけたとき、処置室で横になっている姿を見て、「ああ、その日が今日か」と思いました。でも、妙に冷静なのです。ほうぼうへ連絡して、みんなが駆けつけてくれるなか、葬儀の手配を始めて。今思えば動転していた部分もあったと思い出されるのですが、そのときは自分で自分のことを、「ずいぶん落ち着いているもんだなぁ」と、他人事のように客観視できるぐらい。涙も出ませんでした。もう夫にしてあげることはほかにないのだから、葬儀だけはきちんとして見送ってあげようと、妻としての最後の役割をまっとうしたい気

持ちがありました。感傷に浸るというよりは、パートナーとしての責任感。そのささやかな責任感が、自分をギリギリの状態に保たせてくれたのかもしれません。

それから、家庭外での公の仕事にも、あのときの自分はずいぶん助けられたと思います。夫が亡くなった当初、近い日程ですでに「友の会」の予定が入っていました。これが習い事だったら、わたしは迷わず休んでいたでしょう。かといって家で何をするわけでもなく、ただ日がな悲しみに暮れるだけ。けれども仕事ですから、誰かに迷惑をかけるわけにいかない。そのひとさじの義務感が、自分をなんとか引っ張り上げ、気持ちを外へと向かわせてくれました。

一度だけ、休みたいと思った仕事がありました。でも先方は「どうしても来てほしい」。聞く方によっては、「なんて薄情な」と思われるかもしれませんね。けれど、わたしにはそれがありがたかった。「ほかではないあなたにお願いしたい」と言ってくださったことが、今にもぺしゃんこに潰れてしまいそうな自分の気持ちを大いに盛り上げてくれたと、心から感謝しています。

教会でのお祈りもまた、自分を癒やして。一週間分の涙を流していました

夫が退職して以来、日曜日はもっぱら二人で遊びに出かける日になっていました。それまでの日曜日は、わたしにとって唯一のんびりできる日という位置付けでしたから、わたしは幾分、嫌々ながら。ところが突然夫が亡くなって家にこもる日に逆戻りすると、たまらない寂しさを感じるようになったのです。

「日曜日にひとりで家にいるのは嫌。そうだ、教会に行けば誰かいる！」

教会へ通うようになったのは、そんな動機からです。わたしの母校である自由学園はキリスト教の学校でしたし、お友達に誘われて教会に行ったこともあれば、夫と「いつかは洗礼を受けて、教会に通う生活をしてみたいのよね」とも話していました。けれど、日々のやるべきことを前にすっかり後回しに。それがこの頃は、とにかく教会へと心が向かったのです。

不思議なことに、教会でお祈りをしていると涙が出ました。普段家では出ない涙が、あふれるようにどっと。きっとわたしは、一週間分の涙を涙袋に満杯に溜めて、ここで空っぽにしているのだなと思いました。教会に行くたびに泣いていました。それが、涙袋の許容量が増えたのか、それともつくられる涙の量がそもそも減ってきたのか、だんだんと涙袋が満杯になるまでの期間が長くなって……。

そうして涙袋に涙がさほど溜まらなくなった、夫の死から約一年半後、ついに洗礼を受けました。とても嬉しかった。洗礼は、自分が犯した罪が赦《ゆる》され、神様の子としてまったく新しい生命を与えられるという意味を持ちます。それぐらい自分が罪深い人間だということですが、とにかくわたしは嬉しかったのです。

もし今、夫が生きていたら、「教会に草取りしに行こう！」と誘い合っては、二人で嬉々として敷地内の雑草をむしっていたかもしれません。変わらずに日曜日は出歩いて、まだ教会へは足が向いていなかったかもしれません。夫が残してくれたもののなかで一番大きいものは、もしかするとわたしにとっては「洗礼」だったのかな、と思うこともあるのです。

「あ、ひとりで生きていけるかも」と思った瞬間

夫がいたときは、「もし、ひとりになったらどうやって生きていこう」と頭に浮かんでは、不安を抱いていたこともありました。嵐の夜なんか、窓がガタガタと音を立てるだけで、「怖くてこんなところに寝ていられないわ」とまったく寝付けない。わたしにもかわいい頃がありました（ご安心を、今やそんな夜でもぐうぐう寝ています）。夫とは歳が離れていましたから、娘と息子に言わせれば「パパはママのことを絶対的に甘やかしていた」そう。確かに、わたしや子どもがどこかへ行きたいと言えば、張り切ってすぐに車を出してくれましたし、わたしがやることに口を出すことは一切なく、いつもそっと静かに見守ってサポートしてくれました。そんなふうでしたから、夫がいた頃は、自分の運転で遠出をしたことなどありませんでした。

それが、夫が亡くなって五か月後、バスも電車も走っていない奥地へ住む知人宅へ、自分の運転で向かわざるを得ない状況がやってきました。もちろん道もわからないし、カーナビも使ったことがない。けれど、ナビに目的地を入力して言われるがまま走ったら、すんなり到着。

「あ、ナビがあれば、わたしはひとりで生きていけるかもしれない」

わたしも単純なものですね。でも、当時はまだまだ大きな寂しさのなかにいるときで、先のことなんて考えも浮かばない頃。カーナビという存在が、わたしに小さな力を与えてくれたことは確かなのです。〝甘やかされてきた〟わたしの意識が確実に変わりました。夫を失ってから初めて、ひとりで生きていくことを覚悟した瞬間が、このときでした。と同時に、夫が亡くなったという事実を、ようやく自分が受け入れた、初めての瞬間でもあったように思います。

そうやって、日常に転がるささいな発見のかけらから、夫のいない現実を自覚し、夫のいない寂しさを少しずつ克服していったように思います。

一段ずつ階段を上るように――。〝時間薬〟がやさしく効いて

夫の死から四か月が過ぎた頃、何かしていないと気が済まなくて、わが家のリフォームをしました。四人暮らしからほどなくして三人になり、突然ひとりになった、家族の思い出が色濃く宿る場所。その壁紙から絨毯、何から何までを、一気に丸ごと取り替えました。当時周りに夫を亡くした友人が何人かいましたが、皆一様に「その気持ち、すごくわかる。夫のベッドが置いてあるのがとにかくたまらなくて、いの一番にベッドを処分したわ」と言うひとも。何かしなければ、自分がずっとここにとどまったままで、新しく一歩を踏み出せないような、そんな感じがあったのです。

仕事をしたり、教会に通ったり、東京へ出かけたり、部屋を一新させたり、カーナビを駆使して車で遠出をしたり……。無意識でしたが、そうやってひとりで

できることを少しずつ増やしながら、自分の内に生きるエネルギーを少しずつ蓄えていったのでしょう。階段を一段ずつ、時間をかけてゆっくり上っていくようにして、夫不在の寂しさという山を乗り越えていった、今思えばそのような感覚です。それでも寂しさはやはりなかなか消えず、教会で涙を流す日が続いていました。

一番どうしようもない寂しさに襲われたのは、夫を見送って初めて迎えた、お盆の時期。その二か月後に予定していた一周忌のミサの準備に忙しく奔走していたのですが、ミサで歌う讃美歌に、「また会う日まで」という歌詞が登場するんですね。その言葉を口に出して歌ったときに、初めて、「ああ、もう会えないのか」と実感したら、たまらないほどの寂しさが込み上げてきたのです。だから、それまではまだ、「また会える」と、きっとどこかで思っていたのでしょうね。

夫がいないのが寂しい。それは、子どもが補えるわけでもないし、ほかのひとたちが補えるわけでもない。やっぱり長年パートナーでしたから、好きとか嫌いとかを超えた絆が、そこにはあった。「片腕がもがれたよう」という言葉がありますが、まさにその感覚です。

「洋子ちゃん、どんなことをしてでも慰めてあげたいけれど、時間しか解決できない。それを、〝時間薬〟っていうのよ」

夫が幼い頃一緒に暮らし、姉のように慕っていた従姉《いとこ》からの言葉もまた、大きな励みとなりました。まさに、その通りでした。信頼できる仲間に支えられながら、悲しみに暮れた日も、新しく一歩を踏み出した日も、すべての日々がわたしを癒やしていきました。そうして、もういつだったのかも忘れてしまったのですが、あるとき気がついたら、とっても元気になっていたのです。

おそらくわたしの〝時間薬〟は、通常よりもずいぶんと早く効いたようです。よく「五年はかかる」なんて聞いていましたが、わたしの場合は、完全に立ち直るまでに二、三年ぐらいだったでしょうか。二年目のうちは、教会に行くと涙を流すこともあったのですが、「久しぶりに涙が出たなぁ」なんて思ったことを覚えています。十年という節目で行った追悼ミサで、娘は、パパを思い出し、涙を流していましたが、隣にいたわたしの目からはもう、涙は流れませんでした。

夫や家族と暮らしていたときに、自分のしたい何かを犠牲にしたり、我慢したりしたということはまったくありません。「家族のために、とりあえず自分のやりたいことは一旦諦めよう」などと思ったこともなく、やりたいことはすべてしてきました。だから、「自由になったらこれをしよう、時間ができたらあれをしたい！」なんてことも、とくに持ち合わせていませんでした。けれど、実際は、ひとりになったからこそできたこともたくさんあったなと、今では思います。もし夫と一緒に今も暮らしていたら、やっていたのかな？　どうかな？って、ちょっとそれはもう、全然わかりませんね。

“本物”を教えてくれたひと

わたしは、函館の湯の川というところで育ちました。３歳のときに母と一緒に市電に乗っていたところ、偶然乗り合わせたとある方が、母に声をかけました。「３歳から入れる、幼稚園のような集まりが函館にもできたから、来てみない？」と。母はものすごく教育熱心でしたから（P.38）、そのお誘いに興味津々。早速わたしをそこに連れていき、入団を決めます。それが、「よく教育するとは、よく生活させることである」という羽仁もと子の教育理念をもとに、自由学園が過去、「友の会」を通じて全国に展開していた幼児生活団（2022年に終了）。そして、母に声をかけてくださったのが、日魯漁業（現マルハニチロホールディングス）の共同創業者である平塚常次郎氏のご令嬢、平塚千鶴子さんでした。

それ以来、家がご近所だったり、父の仕事も関係があったりで、平塚さんとはすっかり親しくなり、家族ぐるみのお付き合いが続くことに。母がほどなくして「友の会」に入会したのも、わたしが高校から、東京の自由学園へ通うことになったのも、この出会いがあったからでした。

３歳にして素敵な出会いをいただいたと心から思うほど、平塚さんは素晴らしい方。お料理がお得意の平塚さんは、わたしが料理に興味があることをすぐにお気づきになって、たくさんのことを教えてくれました。きっと、わたしを娘のように思ってくれたのでしょう。母について「友の会」へ行くと、平塚さんが必ず隣に座って「これを食べてごらんなさい？」「これはこうやって作るのよ」というふう。家が近所でしたから、よく弟とおつかいに行っては、珍しい外国のチョコレートをいただいて帰ってきたものです。弟なんて、平塚さんの家に行くおつかいだけは、必ずついてきましたから。そうやって、わたしのお料理好きの芽は、平塚さんの温かい手ほどき

平塚さんの邸宅で幼児
生活団の卒業式。前列
左から4番目がわたし。

平塚さんとわたし。初
めてお会いしてから、
半世紀以上のご縁です。

From my memory

思い出のひと工夫

あるとき、「お出汁をひいて、明日までとっておきたいのですが、どうしたらいいのでしょう？」と聞くと、「お塩をひとつまみ入れておけば、旨みが逃げないわよ」と平塚さん。事もなげに、本当に多くの技術を惜しみなくわたしたちに伝えてくれました。ちなみに平塚さんの出汁は、京都の有名料亭、瓢亭さんに習ったものだったそうです。

によって、健やかに真っすぐ育っていきました。

平塚さんは一流の方でしたが、決して偉ぶることはありませんでした。ましてや「これが本物ですよ」なんて野暮なことはおっしゃらない。静かに惜しみなく、自分の知っている“本物”を教えてくださる方でした。あるときに教えていただいたのは、あんこの作り方です。本でも読んだことのない、ずいぶんと珍しい作り方だなぁと思ってお聞きすると、かの有名な和菓子店のそれなのだとか。平塚さんが習いに行ったところ、「教えることはできないけれど、裏のゴミ箱に絞ったあとの小豆が残っているから、それをごらんなさい」と言われ、そうやって学んだと言います。

平塚さんに教えていただいたことは数えきれないほどありますが、「惜しみなく誰にでも分ける」姿勢そのものを、身をもって伝えてくださった方でもあったように思います。よく「足立さん、そんなに何でもかんでも手の内を見せちゃっていいの？」と驚かれることがあるのですが、その多くはわたしが平塚さんからいただいたもの。わたしに平塚さんが教えてくださったものを、わたしひとりで欲張って秘密にしておくなんて、そんなケチくさいことはない。わたしだけのものにしちゃいけない。これは、平塚さんと出会って以来ずっと心に留めていることです。

ちょっと大変だなぁと感じることがあっても「頑張ってみよう！」と思えるのは、きっと平塚さんとの出会いがあったから。平塚さんからいただいたものをお返しするような気持ちで臨んでいます。

3

自分の喜びは自分でつくる

〝好き〟をもっと、〝得意〟をぐんと。楽しめる方が絶対いい！

何事も、「楽しんで向かわなければ、物事は絶対発展しない」と、わたしは強く思ってきました。泣き耐えながら「苦手なことも上手になりたい！」なんて殊勝なことを、そもそも過去一度たりとも思ったことがありません。「あ〜わたし、これ苦手なんだ」で、おしまい。

実はわたし、幼少の頃からピアノを一生懸命（？）やってきたのですが、このお稽古っていうものが非常に嫌い。今も教会でオルガンを弾いたりしますから、ピアノを弾くことは嫌いではありませんが、とにもかくにもお稽古が嫌なのです。練習するように母から何度言われても、右から左、馬耳東風。そんなわたしへの母の苦肉の策は、わたしの大好きなお料理と交換条件をつけることでした。

「この一週間、一度も叱られずにピアノの練習ができたら、週末はあなたの作りたいごはんを、買い物の食材選びからやって作っていいわよ」

母も上手なやり方を見つけたものです。健気なわたしは、それでもお料理をしたくてたまらないので、お稽古を頑張りました。不思議なもので、好きなことに対しては、疑問がどんどんわいてきます。「なぜここで炒めるのだろう?」、「なぜこの前はおいしくできなかったのだろう?」。やっているそばから「?」があふれ出して、その「?」を解決するための仮説も、これまたどんどんわき出てくる。それでまたその仮説を試してみて、うまくいったり、いかなかったり。無数の「知りたい!」が心の底から生まれてくる。好きなことに向かっているときって、そんな感じです。逆にわたしは、針仕事が大の苦手。子ども服のスナップひとつが取れただけでも、ゴムが切れただけでも、「付け替えるぐらいなら買い替えた方がまし」と思ってきました。お裁縫に関しては、残念ながら何の興味も疑問もわきません。洋裁の得意なひとならきっと、端切れを見ただけで、あれこれ作品のアイデアが思い浮かぶのでしょうね。

昔は、「そんなに人生、面白いことやおかしいことばっかりじゃないんだから」とか、「好きなことばっかりしていたらダメ。嫌いなことにも頑張って取り組まなきゃ！」なんて言われることがたくさんありましたよね。わたしはそもそも「頑張らない」とよく言ってきたのですけど、裏を返せば、「もうすでに好きなことを十分頑張っているじゃない」と思っているのです。「いやいや、好きなことは頑張らなくてもできるから」とおっしゃられるかもしれませんが、じゃあ〝頑張る〟ってどういう状態のことなのでしょう。

お料理が苦手なひとからしたら、わたしが誰かのためにお料理を作っているのを見て、すごく〝頑張っている〟と思うかもしれません。でも、わたしからしたら、誰かにお裁縫で手作りのものを差し上げているのを見たら、わたしにはできないことだから同じことを思います。けれど、当の本人は、ただ楽しんでいるだけだったりする。もちろん、その過程で大変なときもあるけれど、きっと乗り越えられるんですよね、好きなことって。そして、そのときは確実に、好きなことを〝頑張って〟やっている。単純に意識の違いだと思うのです。

苦手なことに時間を費やして、嫌な気分でいる状態の時間を増やすぐらいなら、好きなことをして楽しい時間を増やした方が、よっぽどいい。そんなことを思いながら続けていたら、あれよあれよといつの間に、わたしは料理がお仕事になっていました。だからやっぱり、好きなことっていうのは、放っておいても勝手にやるものだし、勝手にやり続けて楽しむからこそ、さらに発展するものなのだと思うのです。

ひとりになってから、「いかに自分で自分の暮らしを楽しくするか、より面白い毎日に変えられるか」と考える日々になりました。日々に喜びを見いだすことを、常に意識の中心に据えるようになりました。だってわたしの喜びは、もうわたししかつくってあげられませんから。

大げさでもなく、ふざけているわけでも決してなく、楽しんですることって、人類のために、世界のためになると、本気で思っています。

六十になって気づいた、田舎の楽しさ山の豊かさ

田舎がずーっと嫌いでした。夫と結婚し、長女が生まれてからは、彼がすでに建てていた別荘地にあるログハウス風の住まいで、いわゆる〝田舎暮らし〟が始まりましたが、苦手なものは苦手なまま。自然大好きの夫にもろもろ任せて、函館に出かけたり、東京へ出かけたりと、しょっちゅう出歩くことで気分転換していました。何せ敷地は広いので、庭も畑もあります。でも、虫嫌いなわたしに畑のお世話などできるわけがありません。すると、見かねた近所のおばあちゃんが耕して肥料をまき、あとは収穫だけすればいいようにしてくれました。しまいには立派なハウスまで作って、すごく素敵な畑にしてくださったのです。子どもが少し大きくなると、夫が子ども二人を連れて種を買いに出かけては、三人でわいわいと庭に植えていましたね。正直ここでの暮らしは、わたしはちっとも楽しく

なかったのですが、子どもたちにとってはすごく面白かったようです。

住人の方も親切で、春には蕨《わらび》を届けてくださるし、夏には農家の方がスイカやメロンをたくさんくださる。地域で何か催し物があったときには、玄関横に、誰が置いていってくれたのか、お煮しめや甘いお赤飯（北海道のお赤飯は甘納豆で作るので甘いのです）が、おすそ分けされていたこともありました。素敵で豊かな暮らしには間違いなく、今だったら楽しめると思うのですが、当時は、「こんなにいただいちゃっていいのかしら。そもそもこの生活をこのましていていいの？」と、この小さな世界の日常に心配になる思いの方が強かったのです。

そんな長年の田舎嫌いのわたしが、六十代に入ってから、山でのお楽しみを見つけました。それは、お友達から誘われた栗拾いがきっかけ。テレビ番組『ポツンと一軒家』に出てくるお宅のような山の中に暮らし、敷地内に立派な栗林を持つ彼女が、「取りにこない？」と誘ってくれたのです。車でしか行けない山深い場所ですが、これがやってみると面白い！　すると今度は、「ブルーベリーもあるの。摘んでみない？」。とうとう、「本わさびもあるの」と。本わさびは北海道には自生していないはずなので、どなたかが植えたのでしょうか。果たして、三月にわさび、八月にブルーベリー、十月は栗と、年三回のお楽しみ恒例行事が誕生したのであります。ただ、さすがに急な傾斜もある沢でわさびを採るのは怪我も心配になってきましたから、近頃は栗とブルーベリーだけに。わさびはお友達の息子さんが採ってきてくれたものを、おすそ分けしていただくことになりました（梅の木もあり、毎年黄色く熟れた梅をいただいては、梅酒作りにいそしんでいます）。

栗拾いをする十月は、実は「友の会」の仕事などで、わたしが非常に忙しい時期でもあります。ただ、夫の命日があるため、その一日だけは必ず空けています。すると、「あなたのご主人はこういうことがお好きだったんだから、命日に栗拾いをしてみんなでご主人を偲びましょうよ」と友人。そんな粋な一言のおかげで、毎年の夫の命日が、恒例の栗拾いの日と相成りました。

わさびは、本州のもののように大きくはないのですが、すりおろして出汁じょうゆに漬けたものを瓶に分けて、冷凍しておきます。これがご飯のおともにぴったり。ほかほかのご飯に解凍したわさびの出汁じょうゆ漬けをのせて海苔で包むと、やみつきになるおいしさです。マグロの漬けにするときに加えてもいいし、焼いたりゆでたりしたしゃぶしゃぶ用の豚肉にちょこっとのせて、くるくると丸めて食べるのも美味。

ブルーベリーは砂糖と一緒に加熱して、ヨーグルト用のソースを作ったり、生のまま冷凍しておいたり。いつもお友達のお宅でご馳走になるブルーベリーとサワークリームのケーキがあまりにおいしいので、ようやく最近作ってみました。ブルーベリーは、大好きなコストコでも買いますが、自生のものと栽培のものでは、酸味が違うんですよね。甘みは買ってきたものの方が強いですが、酸味がキュッと効いてこその野生味あふれるおいしさが、自生のものにはあります。

嬉々として山へ行く姿を見て、娘は、わたしが「パパ化した」とずいぶん驚いていました。夫が子どもと山で遊んでいるときですら、わたしは家でくすぶっていましたから。今やこの三つの恒例行事は、わたしにとって〝命の洗濯〟のような時間。さあ、この先いつまで行けるでしょう！

そんなふうに思っているこの状況に、わたしが一番驚いています。

グリーンとハーブを室内で。わたしに見合った植物との付き合い方

六十代になって初めて山の楽しさ、田舎の魅力に気づいたと書きましたが、それはあくまでお友達の素敵な別荘だから、です。お手洗いは清潔な水洗トイレだし、疲れたらお家にお邪魔しておしゃべりが楽しめる。そう、あくまで〝人工的な自然〟を楽しんでいるのであって、本物の自然が苦手な気質は、昔から変わっていません。けれど、お友達との恒例行事（P．66）をきっかけに、この歳にして植物を育てることが大好きになりました。

観葉植物は以前から好きだったので、今もリビングには、アイビーやポトスの鉢がありますが、そのほかにも山椒にローズマリー、ミントを育てています。一度面白くなって、これまで室内で育てていたものをすべてバルコニーに出して、ベランダガーデンも楽しみました。でも、外へ出すとあまりに勢いよく育つし、

虫もつくしで、結局室内で、自分が手に負える範囲の適度な自然を楽しむのがわたしには合っている、という結論に至ったところです。そのときはプチトマトも育てていて、次から次へと鈴なりに実がなる様子も、大いに楽しみました。

夫は生前、さほど植物をかわいがっていないはずのわたしのことを、なぜか「グリーンハンドの持ち主だね」と言っていました。東京、それも六本木という大都会出身の夫は、自然を求めてわざわざ北海道を就職先に選んだぐらいのひとでしたから、それはもう一生懸命に植物のお世話をするのですね。けれど、不思議とダメにしちゃう。そんなことを思い出しながら、自分が無理なく楽しめる自然との付き合い方を知ったわたしは、室内で大きくなりそうな植物を見つけると、鉢に株分けしたり、摘み取ったりして、欲しい方へプレゼントしています。そういえば昔、家族でログハウス風の家に住んでいたときのこと。夫はご近所の農家さんから収穫物を大量にいただいては、わが家で消費しきれない分をトラックに山盛りに積んで、知人宅を一軒ずつ訪ねておすそ分けしていました。そんなことも、ふと懐かしく思い出されました。

素敵なひとから誘われたら、やってみる。身軽に〝こだわらない〟生活を

なんでも簡単にすることが好きで、面倒くさいのは嫌いな、ものぐさ。好きなものは好き、嫌いなものは嫌い。自分でもはっきりした性格だと思います。でも、この頃心がけていると言えば、「こだわりすぎない」ようにしていることかもしれません。友達や信頼できる方からのすすめには、ひょいと乗っかる身軽さは持ち合わせています。なぜかといえば、そういう方から教えてもらったことに思わぬ発見があることを、これまでの経験から知っているからかもしれません。

昔から人混みが苦手だったので、実はお祭りなんて行ったことがありませんでした。それが、もう二十年近く前になるでしょうか。おじいさま神父様から地元の「とまこまい港まつり」に誘われて初めて行ったところ、これがとっても楽しい。花火も上がって、きれいでね。それからは誘われるがまま毎年いろんなお祭

りへ。「千歳・支笏湖氷濤まつり」にも行きましたね。その神父様が母国のアメリカに帰ってしまわれてからは、すっかり足が遠のいてしまいましたけれど。

北海道胆振東部地震（二〇一八年）では、震源地に一番近い「友の会」として炊き出しのボランティアに参加しました。心を尽くしてひとのために働く、たくさんの方にお会いし、わたしたち自身が得たものの方が多かった出来事でした。

去年、六花亭が近くにでき、感じのよい店員さんとすっかり仲良くなりました。「毎年、年末に開催している福箱（福袋）が楽しいですから、ポイントカードのポイントは、使わずにとっておくといいですよ」と親切にアドバイスまでいただいて。言われるがまま、貯まったポイントカード片手に、福箱の予約開始日にお店を訪れてみると、これがたくさんのお客さん。行列に並んだのは、生まれて初めてです。お正月に福箱と引き換えましたら、まあこれがまた楽しくておいしい福箱で。「並ぶのって案外面白いんだな」と気づいたのは、大発見でした。

苦手なことも楽しめたのは、きっと教えてくれた方のおかげ。やっぱり〝ひと〟なんですね。お祭りもボランティアも六花亭も、素敵なひとに教わりました。

まつ毛美容液、七十代から始めました

ウーパールーパー、皆さんご存じですか？　ピンク色をした、つぶらな瞳がかわいい両生類。わたしって、まさにそんなウーパールーパーみたいな目。つまりはまつ毛が少なくて短いのです。それこそ若い頃は、マスカラをつけたり、お化粧を頑張ってみたり、どうにかならないものかと人並みに試行錯誤していました。それから早うん十年、テレビのお仕事もいただくようになったこともあり、悩みというほど大げさなものではないけれど、ささくれ程度には気にしていました。

それにどうやら巷には、「まつ毛美容液」なるものが誕生していて、実に多くのメーカーが作っている、ということも知ったのです。

「うーん一度は使ってみたい……。でも、ひとりで挑戦するほどの元気はない」

すると美容関係に明るい娘が、「すっごくいいまつ毛美容液を見つけたよ。最近はまつ毛がバサバサするぐらい生えてきて、これでまつ毛パーマをすると仕上がりが全然違うのよ」なんて言うのです。もともと「髪の毛が気になったらかつらを被ればいい。顔が気になったらお面を被りたい」と言うぐらいものぐさのわたし。でも、「娘がそこまで言うのなら」と、少しだけウーパールーパーから卒業してみようという気になりました。七十代にして、まつ毛美容液デビューです。

効果を最大限に発揮させるには、まつ毛についた汚れや油分がしっかり落ちた状態で美容液をつけることが大事ですから、夜お風呂から出たらもう真っ先に、まつ毛美容液をつけるようになりました。今は、わたしが見つけたものと、娘おすすめの二種類を愛用。朝、晩と交互に使って鏡と睨めっこしては、その効果を確かめる日々です。これが始めて三か月で、少しずつですが生えてきたものだから、もう面白くって！「もっと続けるとどうなるかしら」と、その変化が楽しみで仕方がありません。

若いときに抱いていた「きれいになりたい」という気持ちとはまた違う、この自分の変化を面白がるお楽しみ。まつ毛美容液に教えてもらいました。

自分で自分に〝課してみる〟。するとと、思わぬ効用があったりします

六十代に入って、フェイスブックとインスタグラムを始めました。誰かのために生活しているわけではありませんが、それでも〝誰かの目〟は、ときに丸まった背筋をシャキッとさせてくれる力を持ちます。ひとりで暮らしているとどうしてもたるみがちな生活になるところ、モチベーションを上げてくれる存在。わたしは、他人からああしろこうしろと言われるのは嫌いですが、自分で自分に負荷をかけることは、案外嫌いではありません。そこで、なんとなく始めたインスタグラムも、七十代に入ってから、三日に一度更新することを課してみました。

とはいえ、特別なことをするわけでもなく、いつものわたしのありのままの暮らしを綴っているのみ。隠したい気持ちもありませんから、手を抜いているところはそのままに、正直に写真に写し出されています。わたしは盛りつけが苦手で、

サラダなんかはまるで草むら（！）のようになってしまうのですが、写真に撮ってから改めて見直すと、客観的に判断できるようになるから不思議なものです。「もう少し控えめに盛りつけてみよう」、「あっちのお皿の方がよかったわね」。その繰り返しで、苦手だった料理のスタイリングが、ちょっと上達したようです。

それにひとりだと、このわたしですら食事なんてどうでもよく思える瞬間が訪れるのですが、インスタ更新という宿題が、くたびれたわたしのお尻をやさしく叩いてくれています。重い腰をようやく上げ、気持ちを立て直すことで、暮らしが丁寧な方向へ向かいます。そしてそれは、自分を大事にすることにつながります。

インスタのおかげで多くの方とお近づきになれたのは、思ってもいないことでした。イベントに呼ばれて地方へ行くと、「いつもインスタ見ています。◯◯です」とご縁がつながって若いお友達が増えたり、「足立さんがインスタ始められたから、わたしもやってみました」とお声がけくださって、わたしの方が励まされたり。三日に一度の頻度が守れないこともありますが、「そんなこともあるある～」と自分を甘やかしながら、のんびりとした気分で続けています。

罪悪感を持つことも誰かと比べることも、ありません

「できないことが恥ずかしいことではないよ」と父に再三言われて育ったわたし（P.36）は、自分が「できない」事実に罪悪感を覚えたり、落ち込んだりすることなく、大人に成長しました（これ、本当によかったのか？）。

できなくて困ったことはありますが、誰かと比べて自分ができないことを悲しく思ったことはありません。

父はほかにも、「みんな二つの目があって、口と鼻がひとつずつあるのは同じなのに、誰ひとりとして同じ顔の者はいないだろう？　だからみんな考え方も違うし、好きなことも嫌いなことも違うんだよ」とも言っていて、子どもの頃から、「人間にはそれぞれに得意・不得意があって当然」と捉えていたのかもしれません。

以前、お仕事でご一緒した方が、「つい誰かと比べては落ち込んでしまいます。あ

のひとは短時間でこれもあれもできて、わたしの方が時間もあるのにできなくて全然ダメだ」と、わたしが他人と比べないことを不思議がっていらっしゃいました。

できなくて落ち込むということは、裏を返すと、「わたしはできるはずなのに」という過信があるのかもしれません。自分を大きく見積もって〝できない自分〟にバツをつけるのではなく、〝できない自分〟も受け入れることができたなら、もっとらくな気持ちでいられるかもしれませんね。

決して開き直っているのではなく、〝できるひと〟はすごい！と思っているのです。今、わたしと一緒に仕事をしている「友の会」の北海道部の仲間を、わたしは「できる女」と呼んでいます。彼女たちは、パソコンもできるし、お話も簡潔・明瞭。「わぁ、すごいわぁ」って感心することばかり。わたしのように、あっちこっちに話題が飛ばないし、最後には何を言っているかわからなくなることもないし……。「わたしもあなたのように生まれたかったわ！」と思うこともありますけれど、これもわたしなのです。そして、できないことを「恥ずかしい」と思わない限り、必ずできるひとが助けてくれます。

ささやかな発見を、大いに喜んで、面白がる

夫を失くしたとき、もちろん十分に悲しかったのですが、それでも当時はまだ五十代と若く、きっとパワーがあったのでしょう。いつしか、「家族と一緒に暮らしたこれまでの時間よりも、これからひとりで過ごす時間の方が長くなるのかもしれない。それならば、これからの自分がどうやったら元気で、楽しく暮らしていけるかを考えよう」と、これから先に訪れるであろう「老い」に対して、非常に前向きな気持ちで向かう決意ができた気がします。「これからは二人で支え合って生きていこう」なんて思う暇もなく逝ってしまったので、幸か不幸か、長い二人暮らしを経たからこそ感じる強烈な寂しさはおそらくわたしには訪れず、それよりも「これから自分の気持ちをどう自分で盛り上げて暮らしていこうか」という意識の方が、勝っていたのですね。

七十代に入ってその意識はどうしても弱くはなっているのですが、それでもいつも「どこに喜びを見いだせるかな」と考えています。すると、毎日の暮らしのなかでも、お楽しみや驚きを見つけることができます。きっとなんとなく暮らしていたら見逃してしまうであろう、ささやかなこと。それを見つけて、どう楽しめるか、面白がれるかで、日々の暮らしはだいぶ変わってくる気がします。

先日、お友達の話から、自分で持参すれば粗大ゴミを安価に処分してくれる公共施設が、地元にもあることを知りました。溜まっていた不用品をせっせと車に積んで運んでいくと、わずか数百円で引き取っていただけたことにびっくり。片付いた部屋を見れば、すっきり整って気持ちがいいし、自分が行きたいときに自分で持っていけばいいというシステムも、わたしの性に合っている。その心地よさにすっかりハマったわたしは、家で不用品はもうないものかと、室内をうろうろしながら粗大ゴミを探し回ったぐらいです。

まつ毛美容液（P.74）も粗大ゴミの処理施設も、今のわたしの暮らしのなかで、とっても楽しいことのひとつになりました。

お料理好きは、幼少から

物心ついた頃からお料理に興味がありました。母が「友の会」で習った料理は家でも必ず作ってくれましたが、それが当時は見たこともないメニューが多くて、しかもとびきりおいしい。見よう見まねで「作らせて」と頼んでは、ピアノのお稽古と引き換えに作らせてもらいました。なかでも衝撃だったのは、あんかけ焼きそば。当時は中華料理屋さんでいただくものとばかり思っていたので、わが家の食卓に並んだときには、たいそうびっくりしました。しかも、中華屋さんで食べたものよりもおいしい！　聞けば、麺をわざわざ蒸し器で蒸して水を打ち（「しとを打つ」といいます）、それからフライパンで焼くという作り方でした。そのあとも、シュークリームにワッフルと次から次へと目新しいメニューが登場して。ワッフルなんかは、鋳型屋さんで作ってもらったワッフル型で作るというぐらい本格的でした。電気オーブンが普及していない時代でしたが、早いうちからPEACE社の上乗せ式天火オーブン（ガスコンロの上に置いて使用するオーブン。直火の熱を庫内に対流させる仕組み）がわが家には鎮座していたことも、懐かしく思い出されます。

わたしはとにかくメニューを立てるのが好きで、お客様がいらっしゃると、小学生のときは小学生なりに、中学生のときは中学生なりに考えて、皆様の前で披露していました。といっても、「このデザートは娘が作りました！」と父が発表してくれるような、そんなかわいらしい程度。高校は寄宿生活で作る機会はなく、元来の気分屋の性格もあって、"帰省した際に必ずごはんを作る"というわけでもありませんでしたが、それでもお客様が来るとなると、つい張り切っちゃって。腕まくりして台所に立っていましたね。

そのうちに、料理の本もいくつも揃えるようになります。わたしの場合、読書といったら、その本は決まって料理本でした。

自由学園時代の先輩ご夫婦がご家族ご親族で訪ねてくださいました。

From my memory

思い出の料理書

大好きな辰巳浜子さんの、『手しおにかけた私の料理』（左）。初版は昭和35年。発売時に母が購入してくれた一冊を大事に使っていましたが、何せ小学生のときから読み込んでいるため、すっかりボロボロに。写真は新しく買い直した2代目（昭和54年版）。『娘につたえる私の味』（右）も大好きな一冊。

高校からつけ始めた、数々のレシピが綴られたわたしの料理ノート。

忘れもしないのは、辰巳浜子さんのお料理本です。わたしが９歳のときに「友の会」の母体でもある婦人之友社から発売されたのですが、もうその本が欲しくて仕方なくて。会員ということもあり、母はちゃんと買ってきてくれました。もう夢中になって読みましたよ。すると今度はレシピを自分で作ってみたくて仕方がない。でも母にはタダではいきませんから、例の、“ピアノのお稽古と引き換え”に、いろいろなメニューにチャレンジしました。

わたしが結婚して家を出たあとも、父のお客様がいらっしゃるとなると必ずうちにも両親がお客様を連れてくるので、嬉々としてごはんを作ってはおもてなしを楽しんでいました。父は大学の先生の職は退いていましたが、それでも訪ねてくるお客様の数は変わらず、国内外を問わず、たくさんの方がいらっしゃいました。ですから、わが家にごはんを食べに来るなんてことはしょっちゅうで、毎年夏には延べ300人はお客様がいらっしゃったほど。

そんな幼少からのお料理好き、おもてなし好きは、今でも変わりありません。気のおけないメンバーで集まる“４人会”という名の食事会は定期的に開催していますし、自宅で“居酒屋足立”を開店して、ひとを招いたりすることもあります。撮影のお仕事のときも、とりあえずみんなで、わたしの作ったごはんを囲みます。「友の会」の集まりのときに、どうも時間がかかりそうだなと思った日には、みんなの分のおにぎりを握っていくこともあります。

小さなときに抱いた興味と好奇心は色褪せることなく、まだまだ健在の今日この頃です。

4

自分が心地よく暮らすための、小さな工夫

「体と心が一致しない」そんな自分も受け止めて

このところ、「体力」と「気力」、果たしてどっちが先なのかな、と思うことがあります。体力がなくなってきているから気力も落ちているのか、それともその逆なのか。例えばちょっと風邪をひいて症状が長引くと、気持ちもどんどん弱気になります。心を引っ張り上げようにも、なかなかどうして、上向きにならない。かと思えば、お友達と一緒に大張り切りで楽しんだブルーベリー狩りの翌日は、「あ〜楽しかった！」と十分に満たされた心とは裏腹に、足腰が痛くて丸二日間は休養が必要、なんてこともあります。

六十代ではまったく感じなかった、七十を超えてからの大きな壁です。

そんなふうにわたしが、「だから七十代は嫌だわ〜」なんて言っていると、御年九十五歳である母は、「九十を過ぎたら覚悟が決まるわよ！　開き直るから」

と一言。さすが人生の先輩は堂に入っています。でも、そんな母ですら「これまでで一番嫌だったのは七十歳」と言っていますし、わたしのよく知る、とってもパワフルな現在八十代の知人も、齢七十のときには「寂しい、寂しい」と呟いていたことを覚えています。だから七十代というのは、老いていくときにおける、ひとつの節目なのかもしれませんね。

気持ちを引っ張り上げようにも、なかなか六十代までのときのようにはいかなくなっている今、ただ思うのは、「そういう自分と付き合っていくよりほかはない」ということ。元気そうに見えて、いえ実際元気なんですけどね、でもどこかしらにささいな不調があったりする。そういうことも含めてが「歳を重ねる」ということで、わたしは今その経験を生まれて初めてしているんだな、と。いつか、「七十になったときには随分いろんなことを思っていたけれど、そういえばこの頃はすっかり忘れていたわ！」なーんて思える日が来るんじゃないのかなって、そんなふうにも思っています。

自分の理想は自分の基準で決める。自分の軸を大事に、明確に

どんな暮らしが理想かと考えたとき、わたしには〝そこそこに片付いた部屋〟が思い浮かびます。「わが家へどうぞ！」とお客様を躊躇なく気軽にお呼びできるぐらい、いつも整っているのが理想。その理想を深掘りすると、一日の終わりには、調理台にもダイニングテーブルにも何も出ていないこと。玄関にはサンダル一足しか出ていないこと。それから……。わたしの理想を紐解いてより具体的に考えていくと、いろいろと出てきます。あとは、その暮らしを実現するための近道を考えれば、おのずと日々やることと、やらなくてもいいことがわかってきます。「テーブルの上は絶対に片付けてから寝よう」とか、逆にリビングなどは、「さほど汚れないから、掃除機を毎日かける必要はないな」など。でもこれは、あくまでわたしの心地よさを基準に考えた、〝理想〟です。

断捨離のやましたひでこさんは、「片付けると人生が変わる」とおっしゃいます。わたしも一理あると思います。けれど一方で、できないことで苦しむことは、とても気の毒だとも思うのです。例えば、広いお部屋でも、定位置に座れば手を伸ばす範囲に使うものが全部置いてあるというような、傍目からは「片付けたらもっと居心地がよさそう」という住まいに暮らしている方がいます。決してすっきり整った住まいではなくても、「便利で心地いいのよ」とニコニコおっしゃるその方にとって、日々苦労して片付いた部屋で暮らすことと、今の暮らしを続けることは、果たしてどちらが幸せなのかな?と。実際にわたしも、すごくきれいに整った部屋でも、なんだか居心地がよくないというお家にお邪魔したことがありますし、逆に「汚いけど寄っていって」と気さくに誘ってくださったお住まいが、不思議とリラックスできて、ゆっくりとくつろげるということもありました。

基準はあくまで自分だけの物差しで。「どういう暮らしがしたいか」を自分自身に真剣に問いかけることから、理想の暮らしづくりが始まると思います。

〈気ままなひとりの食卓とらくちんレシピ〉

買い物は週一回。コストコも大好きです

普段の買い物は、基本的には週一回、日曜に教会に行った帰りに、生協で済ませています。毎日通い、刺激を受けながらその日に必要なものを買う生活もしたことはありますが、今のわたしにはその時間がない。そこで、足りなくなったモノは忘れないうちにメモに書いて冷蔵庫に貼っておき、気づいたときにそのつど書き足していくことに。以前は日持ちする食材は多めにストックすることもありましたが、最近はなくなったら買い足すスタイルに変えました。あとはそのメモを持参して週に一度スーパーへ行く、という算段にしたのです。「あ、メモを忘れちゃったわ」なんていう失敗が、このところ多いのですけれど。

仕事で札幌へ行った際、デパートの大丸の地下で京野菜や普段見かけない面白い食材を購入するのは、お楽しみのひとつです。立派で鮮度のよいお魚が並ぶ鮮

魚店もお気に入り。

「ない！」と急遽必要となった食材は、歩いて三分ほどの大型スーパーに助けられています。最近、そこのプライベートブランドのヨーグルトが、意外にもこれまで食べたなかで一番わたし好みのおいしさであることを発見しました。

そして、たまにですが、車でショッピングモールや、札幌のコストコへ行ったりすることも。ショッピングモールにはドーナツ屋やシュークリーム屋が入っているので、それ目当てに向かっておやつを購入したり、カルディでカルピスバターを購入したり。コストコでは、主に牛肉と日用品を。「ひとりなのに？」と驚かれますが、牛タンや牛薄切り肉、ステーキ肉を買い、小分けして冷凍保存しておくことは、もはやわたしの暮らしでは定着しています。小分けに便利なジップロックのサンドイッチ用バッグも、コストコで。トイレットペーパーやペーパータオルなどの紙製品は品質が高く、大のお気に入りです。結婚当初の田舎暮らしでは日用品を大量にストックしていましたから、コストコでモノがいっぱいに並ぶ様子を眺めることは、すごく落ち着くんですよね。わたしのささやかな楽しみです。

塩分を控えたいときは、出汁をしっかり効かせましょう

わたしの料理は基本的に薄味のようで、わたし自身は塩分を厳しく管理していません。自分が「おいしい」と思う料理の味加減が、どうやら皆さんからすると、〝薄味〟みたい。食事会を開くと、自分の小皿に調味料を追加して召し上がる方もいらっしゃるぐらいですから。ただ、年齢的に「血圧が……」なんて話は聞きますし、一生懸命、減塩・低塩の調味料を使う方も見かけます（「そんなにたっぷりつけるなら、普通のおしょうゆをちょっと使ったら？」と思うことがあるのは、ここだけの秘密です）。

塩分を気にしている方にひとつアドバイスするなら、減塩したい場合こそ、出汁を濃く、しっかりとったものを使って旨みを厚くすることです。すると、塩をさほど加えなくても、満足度の高い、おいしい味に仕上がるからです。何もかつ

お節と昆布で、とは言いません。市販の粉末の出汁でも十分。かくいうわたしは、茅乃舎の出汁を愛用していますし、スープや洋風煮込みには、マギーのコンソメがお気に入り。ただ、もともと塩が添加されている商品も多いので、成分表も注意してくださいね。ちなみにわたしが使う茅乃舎の出汁とマギーのコンソメには塩が入っているので、調味するときは塩分を加えません。

減塩や低塩の商品を使うのも手ですが、味がイマイチなことも多いのが事実。そんななか、香川・鎌田醤油の「低塩だし醤油」（P．29）は、とてもおいしくておすすめです。「おいしいから」、わたしも普段の料理によく使います。しょうゆにかつお節とさば節、昆布の一番出汁をブレンドしていて、旨みが強いのです。

小松菜をさっと油で炒めたら、このおしょうゆで調味するだけで十分だし、卵かけご飯に数滴たらしても美味。ちなみに、青菜が食べたいとき、ほうれん草だと一度ゆでる手間がありますが、小松菜なら不要なのでいいですよ。わたしはわかめと一緒に炒めることが多いです。ご挨拶代わりにも使えるので、年に二、三回、一度に八箱（一箱七本入り！）注文するほどの溺愛っぷりです。

栄養面は一週間単位でのんびり考える

「友の会」の講習会では、定期的に「バランスよく食べましょう」という呼びかけをしています。昨年は、十食品群の項目表を使った、「食べたもの調べ」をご紹介。横軸には、一日に食べるとよいとされる、肉類・卵・牛乳（乳製品）・油脂類・魚介類・大豆（大豆製品）・芋類・果物・海藻類の十項目の欄が、縦軸には日にちを書き込みます。その日に項目の食材を食べたら該当欄に◯をつけるだけの、シンプルなチェック表。全欄に◯がついていれば、「優秀な食生活を送っている」ということになります。面白そうだと思ったわたしは、冷蔵庫にこの表を貼り付けて、一定期間やってみることにしました。

ある程度、自信のあったわたしでしたが、実際にやってみると案外バランスが悪いことにびっくり。続けてみると、わたしはどうやら比較的、芋類の摂取が少ないことがわかりました。それがわかればあとは食べようと意識するだけで食生活は改善しますから、もうチェック表はつけていません。それに加齢で食が細くなりつつある今、毎日十品目を食べるのはなかなか大変。食べたくないときに、無理して食べることが健康にいいのかも、疑問です。そこでわたしは、「一日では摂れなくても、一週間で見たら大体食べているでOK」と、のんびり構えることにしています。

具体的には、主食にお野菜がいっぱい入った汁物、それにお肉かお魚の献立が一日一食あればいい、というゆるいルール。プラス、女性なので、大豆たんぱくを意識して。これには、まとめて作っておいた煮豆（P．105）のほか、納豆、冷や奴が手軽で役に立ちます。わたしは、基本、朝昼晩と三食いただきますが、主食はそのうち二食しか食べないことにしているので、夜は主食を摂らないことが多いです。

「友の会」では、野菜の必要量を重量で考えるので、野菜不足を感じたら、葉野菜などの〝軽い野菜〟よりも、かぼちゃなどの〝重たい野菜〟を積極的に摂るように意識します。

ちなみに一日に必要な野菜の量は350グラムとされています。大きなトマトなら大体一個で、きゅうりなら約三本でそのぐらいの分量。もちろんいろいろな種類の野菜を摂った方がいいですが、多忙で野菜が不足しがちなわが息子には、「大きなトマトを一日一個、もしくはきゅうりを毎食一本ずつ食べたらいいよ」と話しています。ざくざくと適当に切った野菜をたっぷり入れ、お肉を加えたスープも簡単で取り入れやすいはず。

毎日のことだからこそ、厳しいルールを守れなくて一切を諦める結果になるより、まずは自分でもできそうなやさしいルールから始めて長く続けられる方が、断然いいと思います。

便利な〃半〃作りおき

作りおきの手前で保存しておくことで
調理をらくに、かつ汎用性の高いおかずの素に。

四川の素

そのままでピリ辛そぼろ、豆腐や春雨と合わせて、麻婆豆腐、麻婆春雨に。小分けにした１つに豆腐１丁を合わせれば、麻婆豆腐が２食分できます

材料　作りやすい分量

豚ひき肉…500g
長ねぎ（粗みじん切り）…1本
しょうが…1かけ
にんにく…1かけ
サラダ油…大さじ½
豆板醤…大さじ1
A［しょうゆ¼カップ　酒大さじ2］
ごま油…大さじ1

作り方

❶　しょうが、にんにくはみじん切りにするか、すりおろす。
❷　フライパンにサラダ油を強めの中火で熱し、ひき肉を焼きつける。肉の脂が浮き出て自然にほぐれ始めたら、裏返して完全に火をとおす。
❸　豆板醤を入れて炒め合わせる。①を加え、全体になじんだらAを入れる。仕上げに長ねぎとごま油を加えて味をなじませる。3等分し、すぐに食べない分は保存袋に入れて冷凍庫で保存する（食べるときは冷蔵庫で解凍後、鍋に水適量とともに入れて温め、豆腐や春雨を加えて片栗粉でとろみをつける）。

サラダミックス

すぐ食べられるようにした自家製カット野菜です。トマトなど、水気の多い野菜は食べるときに加えて

材料　作りやすい分量

好みの野菜（フリルレタスやサニーレタス、きゅうり、玉ねぎ、セロリ、ラディッシュなど）…300～400g

作り方

❶　野菜を食べやすい大きさに切る（葉物野菜は手でちぎる）。

❷　①を水に放し、さっと混ぜてから水気をきる。保存容器に入れて冷蔵庫で保存する（保存期間は約3日）。

玉ねぎのドレッシング漬け

50年近く作り続けているマイ定番。あえてマリネやサラダに、のせて冷や奴の具になど、用途多数です

材料　2カップ分

玉ねぎ…1個

A［酢大さじ1と½　サラダ油¼カップ　塩小さじ1と½　こしょう少し］

作り方

❶　玉ねぎは薄切りにする。さっと水につけ、水気をきる。

❷　ボウルにAを入れて混ぜ、①を加えて軽く混ぜ合わせる。ガラス製保存容器に入れて冷蔵庫で保存する（保存期間は約1か月）。

歯ごたえよりも食べやすさ

年齢を重ね、食感を楽しむより、歯に
負担の少ない食べ方を選ぶようになりました。

大好きなパン屋さんでまとめ買いして冷凍しておいたパンドミを、
甘く、柔らかくして、パンの耳までおいしくいただきます

材料　2食分

食パン（4枚切り）…2枚
A［牛乳1カップ　溶き卵2個分
　砂糖大さじ1強］
サラダ油…少々

作り方

❶　ボウルにAを入れ、泡立て器で混ぜ合わせる。
❷　バットに①を½量入れて食パンを並べて浸し、残りの①を上からかける。ラップをして冷蔵庫でひと晩寝かせる。
❸　フライパンにサラダ油をひいて、②を1枚のせ、ごく弱火で6～7分焼く。裏返してフタをし、さらに6～7分焼く。好みでバターやメープルシロップ、コンフィチュールを添えていただく。
※残った1枚は保存容器に入れ替えて、翌日の朝食に。

ポタージュ

大きめに切った野菜のスープは、1回目はそのまま食べて
2日目以降、形が崩れてきたらミキサーにかけてポタージュに

材料　作りやすい分量

〈野菜スープの材料〉
　好みの野菜（キャベツ、玉ねぎ、
　　かぼちゃ、じゃがいも、にんじん、
　　セロリ、トマト〈水煮缶でも〉
　　など）…400～500g
　水…4カップ
　ローリエ…1枚
　コンソメ顆粒…小さじ4
　塩、こしょう…各適量
〈ポタージュの材料〉
　牛乳…½カップ～

作り方

❶　野菜は大きめに切る（玉ねぎ、かぼちゃ、じゃがいもなどは皮をむく）。
❷　鍋に野菜スープの材料をすべて入れて、中火にかける。煮立ったら火を弱め、野菜が柔らかくなるまで煮る（野菜スープの完成）。
❸　②、牛乳をミキサーで攪拌する。とろみが足りなければ牛乳を足す。
❹　鍋に③を入れ、ひと煮する（ポタージュの完成）。好みで生クリーム適量（分量外）を回しかける。

たんぱく質はしっかりと

高齢になってからは、とくに意識して
たんぱく質を摂るように心がけています。

鶏肉は下ごしらえでおいしく

以前は「パサついておいしくない」と敬遠していた鶏胸肉ですが、鶏肉らしい旨みがあると気づいて以来、よく食べるようになりました。買ってすぐ下ごしらえをして、使いやすいそぎ切りにしておくと便利です。わたしは、胸肉に限らず、鶏もも肉でも同じように下ごしらえしてから調理しています。

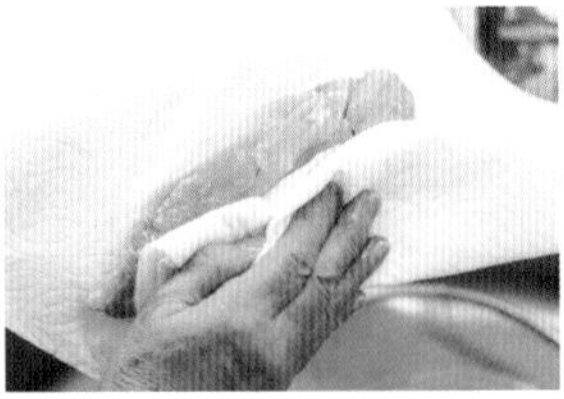

❶ 水気を拭き取る

ペーパータオルで鶏肉の水気をしっかりと拭き取る。食べやすい大きさのそぎ切りにする。

❷ 塩と酒で漬ける

保存容器に鶏肉を入れ、塩、酒各適量を加える。全体をなじませてひと晩おく。

ゆずこしょうがピリリ！
かぶりつきたくなるおいしさです

材料　作りやすい分量

鶏胸肉（基本の下ごしらえ〈P.102〉をしたもの）…300～400g

A［ゆずこしょう大さじ1
にんにく（すりおろし）小さじ1/3］

B［溶き卵1個分　片栗粉大さじ4
小麦粉大さじ2］

サラダ油…適量

作り方

❶　鶏肉を漬けた容器にAを加えて、最低30分おく。

❷　ボウルに①、Bを入れ、混ぜ合わせる。

❸　深めのフライパンに油を1cm深さまで入れて熱し、②を揚げる。

（展開レシピ）

パン粉に粉チーズを合わせて
カリッと香ばしく風味豊かに

材料　作りやすい分量

鶏胸肉（基本の下ごしらえ〈P.102〉をしたもの）…300～400g

A［溶き卵1個分　小麦粉1/4カップ］

B［パン粉（細かいもの）1カップ
粉チーズ20g］

サラダ油…適量

作り方

❶　ボウルに鶏肉を入れ、Aを加えて混ぜ合わせる。

❷　Bを混ぜ合わせ、①にまぶす。フライパンに少し多めの油を入れて熱し、揚げ焼きにする。

魚は漬けて風味よく

2切れ分を一度に焼き、1切れはそのまま、
残りはほぐし、おにぎりにすることも。

魚のみそ漬け

ひとりで暮らすようになってから、自分のお弁当のために、
朝わざわざ焼くようになった魚のおかず。なかでもみそ漬けは定番です

材料　作りやすい分量
魚の切り身…300～400g
（鮭や塩さば、赤魚、タラ、生ホッケなど）
塩…少々
A［みそ140g　酒、みりん各¼カップ］

作り方
❶　魚の切り身に軽く塩をふり、10～15分おいてペーパータオルで水気を拭き取る（塩さばの場合は、この工程は省く）。
❷　保存容器にAを混ぜ合わせてみそ床を作る。①を漬け込み、冷蔵庫に入れる（このときにガーゼに包んでから漬け込むと、焼く前にみそを落とす手間が省ける）。
❸　半日目くらいから味がなじんでくる。みそ床から取り出してみそをさっと洗い流し、ペーパータオルで水気を拭いてから焼く。
※みそ床で4～5日は持つが、それ以上おく場合は取り出して冷凍する。

大豆はまとめて煮てストック

植物性のたんぱく質も意識して。とくに
大豆は女性の味方。まとめて煮ておきます。

大豆の赤ワイン煮

「友の会」で食べた大豆の白ワイン煮を、赤ワインでアレンジ。
甘みと酸味がバランスよく、煮汁を吸ったレーズンの食感も楽しい

材料　作りやすい分量

ゆで大豆…1カップ
赤ワイン…⅓カップ
レーズン…¼カップ
砂糖…20g
しょうゆ…小さじ1

作り方

鍋に材料をすべて入れて中火にかけ、煮立ってきたら弱火にして15～20分ほど煮る。保存容器に入れて冷蔵庫で保存する（保存期間は約5日）。

おにぎりとこれさえあれば

実だくさんの汁物は、主菜に匹敵。
主食を足せば、栄養満点の献立が完成です。

たっぷりの野菜に豆腐も入って、栄養バランスもバッチリ。
豚バラのコクと甘みで、満足感も申し分ありません

材料　2〜3人分

豚バラ薄切り肉…100g
大根…60g
にんじん…20g
ごぼう…20g
じゃがいも…1個
玉ねぎ…¼個
長ねぎ…5㎝
こんにゃく…¼枚
焼き豆腐…¼丁
みそ…20〜30g
出汁…2〜3カップ

作り方

❶　大根、にんじんは5㎜厚さのいちょう切りにする。ごぼうはささがきにして水に放し、アク抜きする。じゃがいもは皮をむいて4つ切りにする。玉ねぎはくし切りにする。長ねぎは薄切りにする。こんにゃくはひと口大にちぎる。焼き豆腐は食べやすく切る。豚肉は食べやすい長さに切る。

❷　鍋に①の野菜（長ねぎ以外）、こんにゃく、出汁を入れて中火にかける。煮立ってきたら①の豚肉と焼き豆腐、みそ½量を加えて野菜が柔らかくなるまで弱火で煮る。

❸　残りのみそで味をととのえ、①の長ねぎをのせる。

おにぎりのコツ
ふんわりと握ったら、全体に「アジシオ」をかけて旨みをプラス。

みそ味の豚汁に対してこちらは塩味。こしょうをキリリと効かせます

材料　2～3人分
鶏もも肉…100g
酒…大さじ1
塩、こしょう…各適量
野菜（ごぼう、白菜、にんじん、
　長ねぎなど）…200～300g
ちくわ…½本
しめじ…½パック
きくらげ（乾燥）…3g
緑豆春雨…20g
高野豆腐…½枚
昆布出汁…3～4カップ

作り方
❶　鶏肉はひと口大に切り、酒と塩ひとつまみ、こしょうを少し多めにふりかけておく。
❷　ごぼうはささがきにして水に放し、アク抜きする。白菜はひと口大のざく切り、にんじんは太めの千切り、長ねぎは斜め薄切り、ちくわは輪切り、しめじは小房に分ける。きくらげ、春雨、高野豆腐は表示通りに戻し、食べやすい大きさに切る。
❸　鍋に昆布出汁を入れて中火にかけ、沸いたら①と②のごぼうを入れる。
❹　アクを取り、肉に火がとおったら残りの野菜と材料を加えてひと煮立ちさせ、塩、酒（分量外）で味をととのえ、好みでこしょうを加える。

おもてなしの定番

知人や仲間をもてなすときは
必ず喉ごしのよいデザートを作ります。

コーヒーゼリー

ゼリーと生クリームには砂糖を加えず、あんの甘みでいただきます。
ゼラチンの代わりにアガーを使うと、常温でも溶けません

材料　作りやすい分量

水…2カップ
インスタントコーヒー（粉末）
…大さじ2〜3
アガー…大さじ2〜3
あん（こしあんでも粒あんでも好みで）
…適量
生クリーム…適量

作り方

❶　鍋で分量の水を沸かす。
❷　インスタントコーヒーとアガーを混ぜ、火を止めた①に加えて溶けるまで泡立て器でよく混ぜる。
❸　器に等分して流し入れ、粗熱が取れたら冷蔵庫で冷やし固める。生クリームをかけ、あんをのせる。

おいしく楽しむお取り寄せ

料理を作る気力がないときに助かる、お取り寄せ。わたしがよく頼む、厳選メンバーを紹介します。

ご飯のおとも

太宰府十二堂えとや「梅の実ひじき」

梅の酸味が食欲をそそる、ひじきのしっとりふりかけ。黒と赤が白いご飯に映えて華やぐので、お弁当のときにもよく使います。

●レギュラーパック（150g）¥756

ちりめん山椒やよい「ちりめん山椒おじゃこ」

しょうゆの風味も実山椒の辛みもほどよい、甘すぎない上品なちりめん。パラパラとほぐれる柔らかな食感も好みです。

●紙箱入（60g）¥1080

汁物

京洛辻が花「お吸物最中」

花形の麩に具材が入った、目にも楽しいお吸い物。具材の風味もしっかりと感じられ、インスタントとは思えないおいしさ。

●九条ねぎと湯葉 ¥345

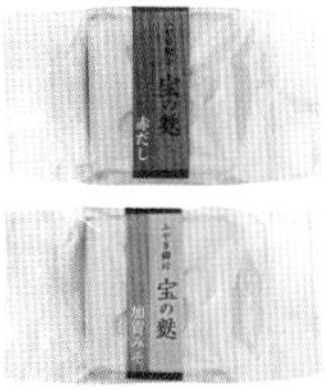

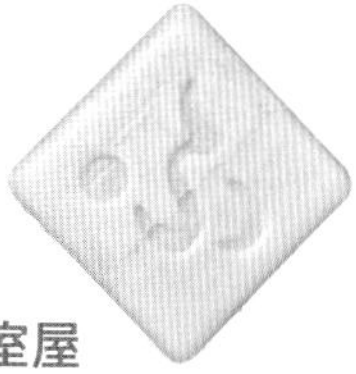

加賀麩 不室屋「ふやき御汁 宝の麩」

湯を注ぐだけでおいしくできるみそ汁は、昼食に重宝。北海道では食べる機会の少ない、赤だしや加賀みそを好んで選びます。

●赤だし ¥270、加賀みそ ¥281

おかず

松葉　「鰊棒煮」

身欠ニシンを柔らかく、甘く炊いた棒煮は、白いご飯のおかずとしてはもちろん、おそばと合わせてニシンそばにも、お酒のアテにも。熱湯に袋ごとつけて温める手軽さも、便利です。

● 2本入 ¥1080

丸鮮道場水産
「噴火湾前浜たらこ特1中」

北海道のたらこの名産地のひとつである鹿部町産のこちらは、薄ピンク色でサイズも粒も大きく、わたし好み。ご飯にはもちろん、ピーマンと炒めるなど、調味料代わりとしても使っています。

● 500g ¥4590

函館カール・レイモン
「ボロニア」「ウインナー」

北海道産の豚肉と牛肉を、ドイツの伝統的な製法で加工したソーセージ類は、香辛料が控えめなので、お子さんにも。函館出身のわたしが、子どもの頃から慣れ親しんできた大好物です。

● ボロニア（220g）¥1177、ウインナー（115g）¥538

うなぎ屋かわすい
「きざみうなぎの蒲焼」

国産ウナギが、ひつまぶしでいただくように細かく刻んであるので、歯が弱くなってきてからよく食べるようになりました。かば焼きの特大サイズがあれば、そちらを買うこともあります。

● 5食セット ¥5250

ハイ食材室
こだわる大人の配合 S-1無添加ミックスチーズ

セルロースを使わず、オランダのゴーダチーズとデンマークのサムソーチーズを50%ずつ配合したシュレッドチーズ。溶けるチーズとしてはもちろん、生のままサラダに加えても美味。

● 800g ¥1890

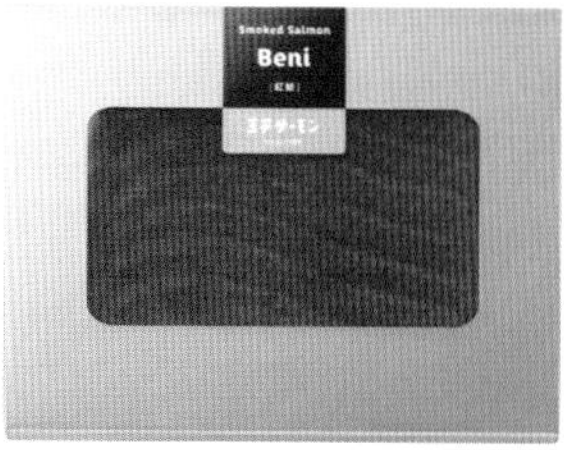

王子サーモン
「紅鮭スモークスライス」「クリームコロッケ」

父が北大の水産学部で「鮭」の研究をしていたこともあり、思い出の味でもある「王子サーモン」。スモークサーモンはもちろん、レンチンでもサクサク食感の冷凍コロッケも重宝しています。

● アラスカ産カッパーリバー紅鮭スモークスライス60g ¥1188、レンジ用スモークサーモン クリームコロッケ ¥691、レンジ用オマール海老のビスク クリームコロッケ ¥691

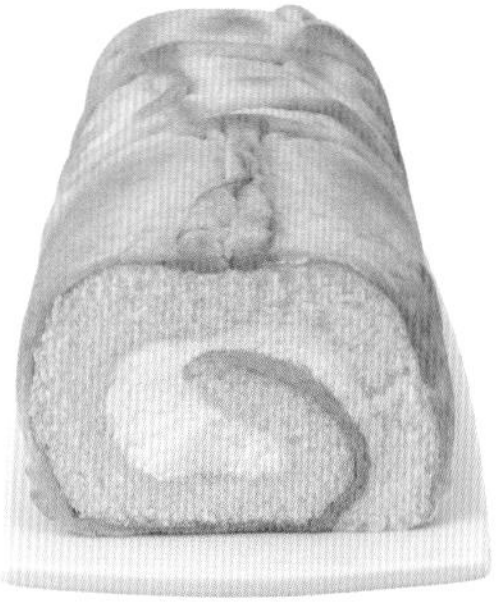

清月
「イタリアンロール」

ほのかに塩味を感じるシュー皮で、ふわふわのスポンジと濃厚で奥深い味わいの生クリームを巻いたケーキ。自分用に贈り物用にと、数本まとめてお取り寄せすることもあります。

●プレーン ¥2192

自由学園
食事研究グループ
「缶入りクッキー」

自由学園の卒業生が手作りしているクッキーは、学生時代の定番の帰省土産。シナモンにココア、メレンゲ、チーズと12種類のクッキーが仕切りなくぎっしり詰まった様子もまた、素敵。

● 2号缶 ¥4200

麻布昇月堂
「一枚流し
麻布あんみつ羊かん」

寒天、求肥、栗という、あんみつの具材がようかんの中にちりばめられていて、フタを開けたときの感動たるや。叔父宅の近所にお店があり、来訪時は必ず用意してくれた思い出の甘味。

●(小) ¥1404

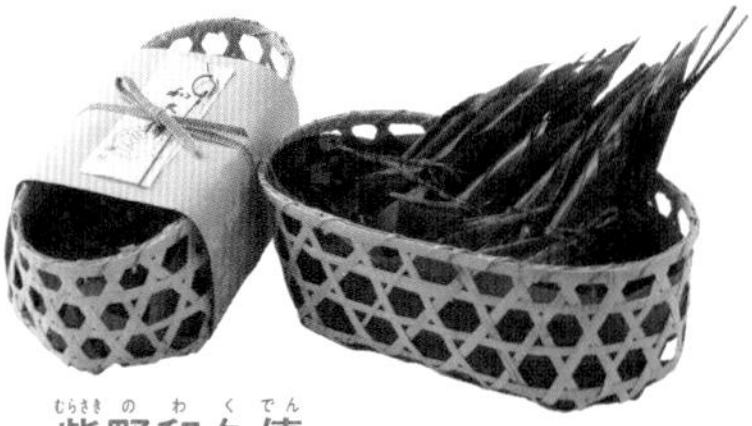

紫《むらさき》野《の》和《わ》久《く》傳《でん》
「れんこん菓子 西湖《せいこ》」

あっさりとした甘みの和三盆と、れんこんのでんぷんである蓮粉を練り上げた生菓子。もちもちとした口当たりと上品な味わいが特徴です。2枚の笹の葉で包まれた佇まいも美しい。

●竹籠 (10本入) ¥4860

お取り寄せ商品のお問い合わせ先

うなぎ屋かわすい
0120-59-2580
https://www.kawasui.co.jp/

ハイ食材室（販売／ドレステーブル）
☎ 03-5829-3430
https://www.rakuten.ne.jp/gold/hi-syokuzaishitu/

王子サーモン
0120-661-898
https://shop.oji-salmon.co.jp/

自由学園食事研究グループ
☎ 042-422-3336
https://jiyu.jp/shinonome/

清月
0120-082-606
https://www.saygets.co.jp

紫野和久傳
☎ 075-495-5588
https://shop.wakuden.kyoto/shop/

麻布昇月堂
☎ 03-3407-0040
https://azabusyougetsudou.raku-uru.jp/

ちりめん山椒やよい
0120-005-841
https://yayoi-ojako.shop/

太宰府十二堂えとや
0120-66-0382
http://www.1210-etoya.com/

加賀麩 不室屋
0120-26-6817
https://eshop.fumuroya.com/

京洛辻が花
☎ 075-253-0178
https://www.kyoraku-tsujigahana.com/

松葉
☎ 075-871-4929
https://sobamatsuba.shop/

丸鮮道場水産
0120-47-2523
https://lit.link/michibasuisan

函館カール・レイモン
0120-39-4186
https://www.raymon.co.jp/

「おいしい！」の顔を見るのが、わたしはやっぱり一番嬉しい！

料理を〝好き〟から〝大好き〟へ発展させてくれたのは、何よりも誰かの「おいしい！」という笑顔だったと、今改めて思っています。父（P.36）は、わたしが作る料理をいつも「洋子のごはんはおいしいね」と褒めてくれて、それがとても嬉しかったのですが、あるとき父の顔を見ていて気づいたのです。

「ああ、わたしは料理を作るのも好きだし褒められるのも嬉しいけれど、作った料理を食べたひとが、『うん、おいしい！』っていう顔をする、その顔を見るのがとびきり好きなんだ！」と。

あるときから、親しいお仲間とともに定期的に食事会（通称四人会）を開いています。一緒に食卓を囲んでおしゃべりをするのが楽しいのはもちろん、やっぱりみんなの「おいしいね」っていう顔を見るのが、わたしにとっては一番のご馳走だからです。

以前、苫小牧で休暇を取っていたアフリカからいらした神父様を、〃居酒屋足立〃にお招きしたこともあります。母国へ帰る時間がなく苫小牧へいらしたものの、お盆でお店が軒並み休業中。北海道のものを何も食べずにお仕事へお戻りになるという気の毒な事情を聞いて、わたしが自宅へお誘いしたのです。急遽、〃居酒屋足立〃が開店しました。その方は食べるものすべてを「おいしい、おいしい」といたく感激してくださって、わたしはそのお顔を眺めるのがやっぱり好きで。不思議なもので、同じ食卓を囲むと、またより一層親しくなれるものなのですよね。一緒にごはんを食べた方たちとは、今でも仲良くさせていただいています。

その昔、母は、父が連れてくる、練習船「おしょろ丸」の若い乗組員の方たちを、とにかくお腹いっぱいにしてあげようと、とんかつを山ほど揚げていました。賑やかに盛り上がる食卓で、「おいしい！」と言う言葉があちこちで飛び交い、彼らがペロリと食べ尽くす。空のお皿に満たされた笑顔が咲き誇る。きっとそんな幸せな記憶が、わたしに刻まれているのかもしれません。

今、ますます家事が楽しい

〈生活を楽しむための家事の工夫〉

若い頃の家事はこなすものだったと、今だから思います。日々の家族の生活を滞りなく回すために、とにかくやらなければいけない家のあれこれ、という感覚。でも、今のわたしにとっての家事は、「いかに自分を喜ばせられるか」という目的を達成するための、手段としての家事。なぜこの家事をするのか、という意味がわかると、家事はぐんと面白くなると思います。そしてわたしの場合は、どれだけこの時間を短くするか、と挑戦することが大好き。どうしたら手間をかけずに短時間で効率よくわたしのしたい生活ができるのかと、家事について考えを巡らせること自体が、とても楽しいのです。そうやって家事の工夫を重ねて、自分がさらにらくちんに心地よく暮らせるのなら、万々歳。ひとり暮らしになってようやく本当の意味で、〝自分のため〟の家事となったのだと思います。

朝、自分に課しているルーティーンは三つ。①水を飲むこと、②日めくりカレンダーの格言を声に出して読むこと、③ガスと電気メーターをチェックすること（これは趣味の域）、です。朝起きた流れでベッドメイクをするのは、もう長年の習慣。わざわざルーティーンとしては捉えてはいませんでしたが、ホテルのような寝室が理想なので、その希望を叶えるためには必要な作業ということになります。

夜も三つ。①台所をきれいにすること、②食卓をきれいにすること（パソコンの出しっぱなし厳禁！）、③リビングをきれいに整えること、です。台所の床を水拭きすることと玄関の靴をしまうことは、「今日もこれでおしまい」という一日の締めくくりをつくることができるもので、すでに習慣づいています。

朝起きて一番に向かうリビングとキッチンがきれいに整っていると、一日を気持ちよく始められますし、自分に少しの負荷をかけることで、生活がシャンと整います。ときにはくたびれてシンクに洗い物が置きっぱなしのまま寝ちゃうこともありますが、そういうときは「ごめんなさい～」と心のなかで。疲れた体を休ませてから、また今日の家事を自分のリズムで楽しみます。

掃除は月曜日に、アイロンは土曜日に

ひとりで暮らしていると、リビングや寝室などは、よっぽどのことがない限り汚れません。だから掃除は週に一度、月曜日と決め、午前中はできる限り別の予定を入れないようにしています。

掃除は朝食後から開始。はたきをくまなく丁寧にかけてほこりを払ったら、掃除機を全部屋かけます。わが家はカーペット敷きなので、基本的にはこれで終了。もし汚れに気がついたら、固く絞った雑巾で叩く。これが一番汚れの落ちる方法です。玄関、トイレ、洗面所は、床を水拭きしてからワックスをかけています。

そういえば、寮生活だった高校時代は、寮の玄関を水拭きしてワックスをかけるのが日課でした。わたしは寝る前にはサンダル一足しか出しておかないように玄関は整えていますので（その日履いた靴は拭いて靴箱へ）、さほど大変ということはありません。毎晩水拭きをするのが習慣となっている台所の床も、大して汚れてはいませんから、月曜日のお掃除デーも水拭きをするだけで完了です。八時過ぎから始めて、大体九時半には終了する感じです。

土曜日はアイロンかけの日です。午前九時半からBS放送で、NHKの朝の連続テレビ小説をまとめて再放送しているので、それを見ながら作業するのがお気に入り。わたしはTシャツにもアイロンをかけます。とくに白や黒のものは、アイロンをかけると光沢が出て美しく仕上がるので、着るときに気持ちいいのです。ちなみに、贈り物に素敵にくくってあるきれいなリボンにも、わたしはアイロンをかけています。シワをのばしてからくるりとまとめて、缶にストック。手作りのジャムをおすそ分けするときや、クリスマスに薔薇の実とアイビーを束ねて小さなブーケを差し上げるときなどに、役立つからです。

曜日と作業をセットで決めておくと、続けやすいのはもちろん、忘れることが多くなっている昨今、記憶にとどめやすいとも思います。

毎月一日と十五日はシーツの日。脱水時間を短くすれば、シワになりにくい

「気持ちよく眠りたい」と考えたとき、二週間に一度は寝具のシーツ類を洗濯したいと思いました。お掃除のように曜日を決める手もありましたが、これ以上作業の曜日を限定してしまうと、別の予定を入れにくくなる。それに、二週に一度の作業のため、曜日を決めると逆に、「今週？　来週？」と、かえってわかりづらくなることを懸念し、毎月の一日と十五日をシーツの日、と認定しました。万が一、その日に予定が入ることがあれば、前日に済ませておくぐらいの工夫で済むので、今のところ、らくに自分の生活に組み込むことができています。

基本的には午前中に洗濯機を回して室内に干し、翌日の時間のあるタイミングで畳んでしまうだけ。なんとなく気になったら洗濯する、というふうにしていると、前回いつ洗ったのかが曖昧なところ、日にちを決めることで、二週間に一度

は絶対に清潔な状態にリセットされていることがわかるので、気持ちもいいです。

脱水時間を長くするとシワが取れにくいので、わたしは脱水は短めにし、叩いたりしてシワを丁寧にのばしてから干します。洗濯物を部屋干しすれば、冬場は乾燥対策にもなります。もちろんその分水気は残るため、乾くまでの時間はかかりますからご自身の優先順位を考えて。わたしは通常は四十秒、ウール類は十秒の脱水時間にしていますが、普通の衣類などでも脱水時間を正味十〜十五秒にすることで、驚くほど小ジワがのびやすくなります（正味の時間なので、洗濯機が回り始めてから完全に止まるまでを計測すると、四十秒ほどとなります）。アイロンかけする時間もない、アイロンが嫌い、なんていう方は、ぜひ一度お試しを。

また、自分で洗った方がよっぽどきれいになるとわかってから、オーバーやコートなどの特別難しいもの以外、ニットやおしゃれ着もすべて自宅で洗うようにしています。

「できない」と大きく赤字で書くことで、苦手だった家計簿つけができました

ずっと家計簿がつけられませんでした。「友の会の会員でそんな方がいるんですか！」なんてびっくりされたものですが、どこのひとだろうとできないものはできません。「できない」と堂々と言って、とくに不便なく生活してきました。ただ、「友の会」では家計簿のつけ方講習があったり、母体である婦人之友社からは家計簿（今はアプリもありますね）が各種発売されています。結婚してからとりあえず買うことは買ってきましたが、虫食いだらけ。ただ、長く「友の会」の係もしてきたので、「もう逃げるわけにはいかない……」という思いに至ったわけです。五十を過ぎた頃についに重い腰を上げました。ひとから強制されるのは苦痛にしか感じないわたしですが、自分でやってみようと思ったことは、案外やる方です（と言って、全然やらないこともあるのですけどね。それはそれで、

「できないのだからしょうがない」と思っています)。

　つけ始めてみると、なるほど、一か月でどんなものにどれだけ使っているかなどのお金の流れがわかって、確かに悪くはないとわかります。けれど、一日一回つけるのが、どうにも難しい。忙しい日は、面倒くさい気持ちの方が勝って、「今日は無理だから明日やろう」と先送り。一度先送りし始めると、それがどんどん溜まって、日に日にやる気力が失せてくる。なんとかやろうと奮起し、溜めてしまった最初の日からやり始めたりもしましたが、溜めた全部は一度では到底できるはずもなく、なし崩し的に「家計簿が続かない」という状況に。すると見かねた家計簿の達人が、「できなかった日は諦めて、再開した日からやり直したら？　ここまでつけていないんだから、それでいいじゃない」と言われたのです。

やはりひとは、得意分野でいろんな知恵がわくものですね。達人のアドバイスで「はっ」と思ったわたしは、家計簿をつけられない日は、作業を翌日に持ち越すのではなく、「できない」と大きく赤字で書いて、その日の分はやらずに終わらせることに決めました。

すると、家計簿がつけられるようになったのです。もちろん、つけられなかった日は、赤字で「できない！」と、これまた堂々と書いてあります。けれど、作業量がどんどん溜まっていくわけではないので、忙しい日でない限り、基本は家計簿をつけられる日が続きます。ここまでくるのに、約二十年かかりました。

家計簿はずっと、婦人之友社から出ているものを使っています。買ったものと金額を書いて、合計額を出すようにしています。一か月ごとに予算額を決めてその範囲でやりくりをする使い方ではないので、ざっと見返す程度。それでも、「一年でこの月は使う金額が多いんだ」とか、「使いすぎたと思っていたけど、それでもこのぐらいか」と、大まかなお金の流れを把握できます。今考えると、家計簿を始めた当初は、「友の会の係だから」という、〝誰かのための作業〟と思っていた節があります。それがひとりになって、家計簿をつけるのが〝自分のための作業となってから、家計簿をつける面白さや、家計簿を見てお金の流れをつかんだときに心がすっきりする、という感覚がわかったような気がします。苦手なのは変わりませんけどね。ちなみにわたしが家計簿をつけるのは、朝。「そんな家計簿つけみたいな作業に朝の大事な時間を使うなんてもったいない」と言われたことがあるのですが、わたしにしてみれば、一番苦手なことだからこそ、朝、一番頭がすっきりしているときにしたい。溜まっていなければものの数分で完了しますから、朝の貴重な時間はまだまだ残ります。

家計簿が続くようになってからは、赤字で「できない」と書くことはなくなりました。「書く」という行為も、またひとつ自分のなかで何かすっきり整理できた感覚があるのですよね。それに、家計簿が溜まってくると「気持ち悪い」という感覚が、ようやくわたしにも芽生えました。整理の仕方も上手になったので、少々溜まったぐらいなら、あっという間に片付けられるようにもなりました。

……と実は、こうやってお話ししている今、ちょうど家計簿が結構溜まっていて、困った状況にあるのです。整理の仕方がうまくなったと、たかをくくっていたので、溜まっているのもかなりの分量に。さあて、どうしたものでしょう。久方ぶりに、「できない」と赤字で大きく書いておくことにしましょうか……。

定期的に部屋を観察して、心地よい空間にバージョンアップ

先日「友の会」のイベントで、子どもたちと折り紙を楽しんできました。カラフルに、かわいくでき上がった『はらぺこあおむし』の折り紙は、壁に貼ってみたりして。それから数週間は経ったでしょうか。今日はゆっくり時間があるなと思い、お茶を淹れて椅子に腰掛け、ふと壁をまじまじと眺めてみたのです。すると、「あら、何か壁がうるさいわね」と気づきました。

例えばカレンダーだったり、昔から飾っている絵画だったり、ずっとサイドボードの上に鎮座している置物だったり。普段何とも思っていないものでも、ふと客観的に引いて見つめることで、その飾ってある状態が、自分は本当に好きか否かが明確にわかることがあります。置いたときは気に入っていても、いつからかしっくりこなくなっている場合も。そこにあるのが当然と感じるようになると、

どうも自分の好みに鈍感になっていくようです。そこでわたしは、時間があるときは定期的に、先のように椅子に腰を掛けて、じっくりと部屋を客観的に見つめるようにしています。そうすることで、そのときの自分が一番心地よく過ごせる大好きな場所となるように、つど空間をバージョンアップさせるのです。

家族がいたときは、ずーっと「家を汚すのは家族だ」って思ってきました。わたしが一生懸命きれいに掃除をしても、きちんと整理整頓をして落ち着ける空間にしても、誰かが乱している、と。でも、ひとりになっても、長いこと自分が好きな部屋にはならなかった。それで気づいたのです。「あらやだ、部屋を汚していたのはわたしだったのね」と。そして同時に、「家族の皆さん、ごめんなさいね」とも思いました。家族がいるから汚れる、乱れると長年思ってきたのなら、家族が離れたら、自分が一番好きな状態に自分の工夫と努力で保てるはず。自分好みの部屋に、自分次第でいつでもキープできるはず。過ごす時間が長いからこそ、自分の家はいつでも自分好みの場所にしていたい。

部屋の定期観察は、理想の暮らしづくりの隠れた要になっています。

〝五分家事リスト〟を作っておくと、隙間時間に便利です

例えばオンラインで打ち合わせや講習会がある日。余裕を持ってパソコンの前に座ってトークルームに入ったものの、開始時間まではあと五分ある。あるいは、出かける予定で身支度をすべて整えたところ、時計を見れば出発時間にはまだ少し時間がある、そんなとき。あらかじめ、五分で完了できる自分なりの家事リストをいくつか持っておくと、役に立ちます。ちなみにわたしの場合の家事リストはこんな感じ。

・洗面所の掃除（ボウルや鏡を磨いたり、周りを拭いて水滴や水垢を除く）
・植物の水やりを二つ分
・ダイニングテーブルの上を片付けて水拭きする

・仕事机の上を整理する
・棚の上など、乾拭きだけをする
・食器棚、本棚、引き出しなど、どこかを一段分だけ整える

ポイントは、あくまで作業するのは五分だけ、です。それ以上時間があるときでも、タイマーできっかり五分を計るぐらいの気持ちでいるのがおすすめ。なぜなら、勢いづいてそれ以上すると疲れてしまったり、予定の時間がきて中途半端なところで作業を中断せざるを得ず、かえって散らかった状態になってしまったりするからです。五分ぐらいの時間が、負担なくでき、気持ちもすっきりできる、ちょうどいい塩梅。「あそこも片付けたかったな」と思ったら、五分家事リストに追加して、次回のお楽しみにとっておきましょう。予定の時間まで少しあるけれど、何かをするには時間が足らない（わたしの場合、好きなゲームをするには、五分では全然足りませ〜ん）。そんな手持ち無沙汰の隙間時間を気持ちよく解消できて、家もちょっぴり整う、一石二鳥の工夫です。

物忘れ対策には、とにかくメモ・メモ・メモ

忘れ物、増えました。買い物リストを持たずに買い物へ出かけたことは、もう何度も。新型コロナウイルスが落ち着いた今、母の施設へ向かうときのマスクも忘れがち。加齢に伴う、抗いきれない体の変化のひとつです。

物忘れ対策としては、とにかく思い立った瞬間にメモを取って、目立つところに置いておく・貼っておく。これ一択です。「今は手が離せないからあとで書こう」なんて悠長なことを言っていると、手が空いたときにはすっかり忘れているか、「あれ、何かする必要があったはずだけど、なんだったっけ？」となるのがオチ。わたしは、今や寝室に行くときすらペンとメモを持参。寝る前のひとときに何か思いついても、横になったまますぐにメモを取れるように準備しています。

買い物リストは、冷蔵庫に小さなメモ帳を貼っておき、買う必要のあるものに気づいたら書き足していくスタイルです。目下の課題は、そのメモを買い物時に家に置き忘れないようにすること（残念ながら、その予防策は今のところ思いついていません）。

マスクは、玄関の扉に「マスク！」と書いたメモを貼り付けておくことで、忘れることを防止。靴を履いて、「さあ行こう」と扉を開けようとするときに、ちょうど目に入る高さにメモが貼ってあります。

朝のルーティーンは、もうだいぶ習慣づいたのでわざわざメモにしていませんが、夜に行う三つのルーティーンは、台所の壁に内容を記したメモを貼っています。

翌日に出かける予定があるときは、パソコンの上に時間と、内容や場所などを大きく書いたメモを残しておきます。例えば、「十時にJRに乗る」、「十時半友の家に着く」という具合。これが時間だけだと、「だから何？」となることに気づいて以来、簡単な内容を追記するようにしました。朝起きたときに目が行かないこともあるので、大きく目立つように書くこともポイントです。

日々のスケジュールは、パソコンで自作した表を印刷してバインダーに挟み、手書きで予定を追記していくスタイルに落ち着きました。Ａ４縦サイズに一週間分の予定を書き込めるもので、これ一枚で今週にやることが一目瞭然。以前は無印良品のスケジュールカレンダーを使っていましたが、予定が多くなった今、自作した方が使い勝手がよいのです。横軸を、「今週の予定」、「家事」、「友の会・仕事」、「家族・交際・教会」と四項目に分け、縦軸には日にちを書き込みます。とくに大事な内容は、「今週の予定」の欄に、上段は仕事、下段は家のことと分けて記入。そのほか、忘れたくないことなどはマーカーで印づけも。作業が終了したら線を引き、できなかった分は翌日、翌週へと持ち越しです。持ち越した内容も忘れないうちに、次回の日に書き込んで。バインダーには、十数枚分の予定表が挟んであるので、当分先の予定が入った場合でも、その時点で該当日の欄に予定を書き込んでおきます。今週一週間を終えたら、その週の一枚はゴミ箱へ。直近の一週間分の予定は一番上の一枚で把握できますし、ページをめくればその先の予定もわかり、先の見通しがつきやすいです。

日付	今週の予定	家事	友の会・仕事	家族・交際・教会
日(日)				
日(月)				
日(火)				
日(水)				
日(木)				
日(金)				
日(土)				

〈できるだけ元気でいるための健康管理〉

健康管理はアップルウォッチで

以前はエアロビクスを夜に習いに行っていましたが、歳を重ねて夜間の車の運転が少し苦手になってきたことと、もうくたびれて夜には動けないということがあって、いわゆるエクササイズというような運動はしていません。ただ、発売当初、文字盤が黒いという見た目が大いに気に入って購入したアップルウォッチが、日々の健康管理になかなか役に立っているのです。

アップルウォッチを装着していると、これに入っているアクティビティアプリが作動して、日々の動きを感知、運動量などを表示してくれます。一日に何カロリー消費した（ムーブ）のか、どの程度運動した（エクササイズ）のか、どの程度立っていた（スタンド）のかがわかるほか、目標値を自分で設定し、そのゴールと比べて現状がどうなのかを、そのつど確認することもできます。ｉＰｈｏｎｅ

と連動しているため、自分のｉＰｈｏｎｅのフィットネスアプリを見れば、より詳細な情報を見ることも可能。日々の情報は上書きで記録され、六か月以上続けると、これまでの平均値が出てくるので、現状と平均値を比べることもできます。

パソコンに向かっていると、つい時間を忘れてずっと座りっぱなしになってしまいます。それがアップルウォッチをするようになってからは、作業中でもチラチラ気にかけて見るのが癖になり、今では一時間おきに立ち上がってその場でちょっと体を動かしてみたり、かかと上げぐらいはしてみたり。自然な流れで軽い運動を取り入れられるようになりました。以前はメールの通知もできるように設定していましたが、迷惑メールが多くて大変だったので、今はＬＩＮＥのみ受信する設定に。「外出していることもあるので、ＬＩＮＥで『メール送りました』と知らせてくだされば、帰宅後すぐにチェックしますよ」と、皆さんにはお伝えしているので、仕事関係でもずいぶんお世話になっています。

健康管理に仕事のサポートと、左腕にはめている小さなテクノロジーが、七十代の生活を支えてくれています。

自分の生活に組み込みやすかった「ついで運動」と「十六時間ダイエット」

運動らしい運動はしていない代わりに、普段の生活の流れで自然に体を動かす「ついで運動」を取り入れています。まずは、家のゴミ箱をひとつにしました。寝室でゴミが出ても、洗面所でゴミが出ても、ゴミを捨てたいときはわざわざゴミ箱のある台所へ向かうように仕向けたのです。室内の短い距離とはいえ、忙しいと気づけば一日中パソコンと睨めっこしてしまうわたしには、これでもちょっとした動作になります。また、ショッピングモールへ買い物に行ったときは、わざと入り口から一番離れたところに車を停めて歩くように。生活に絶対に必要な行動の流れに軽い運動をのせているので、無意識で続くのがいいところです。

それから、夕飯を食べてから次の食事まで十六時間空けるという、十六時間ダイエットも取り入れています。「痩せるため」というよりは、「胃や内臓がしっかり休まる」という考え方が、わたしも理にかなっていると思ったからです（痩せるに越したことはありませんが〜）。女性の場合は、もっと短い間隔でもいいと聞き、わたしは十五時間空けるようにしています。

大体、十七時前に夕飯を食べて、就寝するのは二十三時頃。朝、八時に朝食を食べると、十五時間空けたことになります。これもリズムになってしまえば苦になりませんし、始めてみると、満腹とはまた違う、空腹の心地よさにも気づきました。お腹がいっぱいすぎると、かえって寝られないということもありますからね。ただ、わたしは食べ始めるとつい食べすぎてしまうときがあります。うっかりおやつを食べすぎて夜は食べられず、朝まで食べないなんてこともあるのですが、そういうときは、「夕方から夜の間にもせっせと胃腸がフル活動して、消化作業にあたってくれているんだろうな」なんて思いながら。

毎日、朝と晩に体重を量っていますが、朝と夜の体重の差を５００グラム以内にキープすると、わたしの場合、太らないことに気づきました。「なるべくそうなるように努めたい。でも難しい」、そんな日々を送っています。

歯磨きは一日四回、丁寧に

自慢ではありませんが、わたし、今まで虫歯ができたことは一度もありません。ですからすべての歯がまだ自前の現役です。けれど二十歳のときに、相手の方の頭と、わたしの歯がぶつかったことがあったんですね。そのときは大事に至らなかったものの、その衝撃が原因で「歳をとったときに、外傷性歯周病になる」と警告を受けました。そして六十歳のとき、とうとうその歯が歯周病に。以来、弱った歯茎を十二年間、いわゆるボンドで留めることで支えてきたのですが、いよいよ治さなくてはいけなくなってきているとき。今だったらまだ横の歯が元気なので、両隣の歯を支えとして「ブリッジ」を装着することは可能と言われているのですが、それも「今が最後の段階」と歯医者さん。「インプラントはもう不可能」だそうです。横の歯にも歯周病が及んできたら、それらすべてを抜かなければばいけないと忠告を受けて以来、歯磨きは朝起きてすぐに一回と、毎食事後の三回、合計で一日四回、こまめに行うようになりました。歯医者さんがすぐ近くにあるので、推奨の歯ブラシを購入して、磨き方も歯医者さんの指導の通りに。一回につき十分以上かけて丁寧に磨いています。

その歯の心配もあり、食べ物も歯ごたえのある硬いものよりかは、柔らかいものを意識的に選ぶようになりました。シャキシャキ、コリコリと歯ごたえを楽しんでいた野菜のスティックサラダは、もう作らなくなりました。野菜を摂るという目的であれば、スープやポタージュを好みます。パンが大好きで、いまだに好きなパン屋さんを見つけてはあれこれ買い込むのが趣味ですが、大好きだったカンパーニュなどのハード系のパンには、もう手が出なくなりました。今は食パンか、デニッシュ系の柔らかいパンを好みます。ステーキは大きなままで焼きますが、ナイフとフォークでとにかく細かく刻んでから口に運んでいます。

今年は歯の調子が幾分いい感じです。そろそろブリッジをする予定ですが、わが家から見えるかかりつけの歯医者さんを横目に、せっせと歯を磨く毎日です。

ルールは自分をらくにするもの。うっかりお昼寝しちゃう自分も、大好きです

朝のルーティーンや家事の工夫など、わたしなりのルールについてお話ししてきましたが、そう決めたからといって「絶対にこれを守らなくちゃ」とは実はあんまり思っていません。「守るように頑張っている」ということもありません。ただ、決めたルールを守っている方が、らくに心地よい暮らしをキープできる、と気づいただけなのです。だってそもそもこれらのルールは、「いかにらくに自分が心地よく暮らすためにはどうしたらいいか」を考えた末に導き出されたものですから。ルーティーンも、最初は縛られるのが嫌だと思っていましたが、逆に考えれば「これさえしておけばいい」。その発想に変わったら、ぐんと気軽になりました。

朝はできれば六時半には起きたいと思っていますが、眠くて起きられない。予定がない日なら、六時四十五分でいいじゃない？　洗い物をシンクに置きっぱな

しにして、「ごめんなさい」と心で唱えながら眠る日もある。でも、体がくたびれていたからしょうがないじゃない？　こんなふうに怠ける日もあるぐらい、わたしのルールはいたってゆるくておおらか。でもそれは、守るためのルールではなく、自分が心地よくあるためのルールだから。暮らしを楽しむためのルーティーンだから。きっちりした暮らしをしたいなんて、ちっとも思っていないのです。

ただ、何も自分に課さなければ、ひとりの暮らしというのはどんどん気ままになっていきます。気ままな暮らしが悪いとはまったく思いませんが、わたしの場合はあまりに気ままますぎると、なんだか居心地が悪いし、調子もよくない。根っからの面倒くさがり屋であることを自分がよくよく知っているので、放っておくとどんどん自堕落になっていくのもわかっているのです。だから、「無理のない程度で自分にルールを課すのがわたしには大事」と、気づいただけ。

お昼を食べたあと、お昼寝をすることがあります。一時間ぐらいで起きたいと思っているところ、うっかり汗をかきながら二時間も眠ってしまうときも……。でも、「そんな自分もいいな、こんな暮らしもいいよね」と、思っています。

My history Column 4

子育て期に鍛えられた“かんたん”料理

お料理の仕事だったり、「友の会」の作業だったりで、このところ非常に多忙な日々を過ごしているのですが、その忙しさと、小さな子どもがいたときの忙しさは、まったくの別物です。どんなに予定が詰まっていても、自分の都合ややり方次第でどうにかやりくりできる今の忙しさと違って、子どもとの暮らしは先のことが読めません。「明日から出かけるから今日ばかりは熱を出さないで～」というときに限って高熱を出すし、どんなに綿密な計画を立ててそのように進めるように努力しても、子どもの気分ひとつでスムーズにはいかない。子どもと暮らしている間は予定は立てられないと悟ったわたしは、だからこそなんでも、“早め早め”を心がけるようになりました。時間に追いかけられる生活ではなくて、もう自分が時間を追いかけるぐらいの生活を、と。

とはいえ、それを実現するには当時のわたしの家事能力では到底足りませんでした。そこで、とにかくこれだけは死守しようと思ったのが、「夜ごはんは18時に食べる」ことと「20時に寝かす」という２つ。なぜかというと、平塚千鶴子さん（P.58）から、「寝る時間と起きる時間さえ守ったら頭のいい子が育つわよ」と言われたから、という単純な理由です。

そうすると、じゃあそのためには何時までに何をしておかなければいけない、ということがおのずと逆算できます。当時は、子どもを通わせていた幼児生活団（P.58）や「友の会」の集まりなどで、自宅から車で１時間半ほどかかる函館市内へ出かけることがほとんどでしたので、夕飯が18時ならば16時には函館を出ないといけない。じゃあ、煮込みを仕込んでから出かけてこようか、それともすぐできるお鍋にしてみようか。18時にごはんを食べさせるために、いろんな夕飯を考えました。

当時住んでいた大沼の
自宅でくつろぐ娘と息
子。3歳離れています。

From my memory

思い出のレシピ

子育て時代に生まれたわたしのレシピといえば、“6分スパゲティ”。この頃から、ゆで時間が6分の1.4㎜のパスタを愛用しているのですが、パスタをゆでている6分の間に、肉やあり合わせの野菜でソースを作れば、ゆで時間と仕上がり時間が同じになるので逆算がしやすい、というレシピです。忙しいときは、「数字でわかる」鉄板メニューを持っていると、心にゆとりができますよ。わたしが今よく作るのはペペロンチーノで、弱火でじっくり炒めると時間のかかる刻みにんにくの代わりに、GABANの「あらびきガーリック」）（P.29）を使って時短に仕上げています。お子さん用には、ケチャップやトマトソースで調味するといいですね。

でも、煮込み料理は、昨日から炊いているからこそ、その匂いが鼻について、肝心のときに食べる気がしなかったり、お鍋は調理時間こそ短いけれど、後片付けに時間がかかって意外と大変だったり。実際の生活の流れのなかで試してみることで、初めてわかることがたくさんありました。そうやって試行錯誤を繰り返すなかで生み出されたのが、わたしの“かんたん料理”。今思えば、この子育て期に、玉ねぎのドレッシング漬け（P.99）など、わたしの代表的なレシピの多くが生まれました。

と言いながらも、実際には時間が守れない日も多々あったんですよ。子どもとの暮らしのなかでは、この２つすら守ることはとても大変でした。わたしは自由学園の最高学部を卒業後、函館に戻って幼児生活団の先生をしていたこともあるので、いくぶん子育ての知識は持っていたつもりなのですが、先生とお母さんは全然違いました。「何事も見守る」「手をかけないで心をかける」なーんて心では思っていても、自分の子ども相手となるとついつい口を出したり、先に先にと手を出したり。

そんなドタバタな日々のなかで、それでも唯一意識していた２つの時間。その意識が、時間は守れなかったとしても、結局はいろんなレシピを生み出すきっかけになったことは、また不思議な巡り合わせとしか思えないのです。

高輪のカトリック教会で結婚式を挙げました。恥ずかしい～。

5

家庭以外に役割を持つ——。
「全国友の会」の話

自由学園と「全国友の会」のこと

わたしは、高校から、東京・東久留米市にある自由学園で学びました。自由学園とは、雑誌『婦人之友』（創刊当時は『家庭之友』）を創刊した、女性初のジャーナリスト、故・羽仁もと子と吉一夫妻が、一九二一年に設立した女学校（その後男子部が設立）。キリスト教を基本に、「生活即教育」（普段の生活に学びが詰まっているということ）と「自労自治」（食事作りや掃除など、自分たちの生活に関わることはすべて自分たちでするということ）がモットーの、ユニークな学校です。

小学五年生の夏に説明会に行ったとき、学校紹介のスライドショーを見せていただきました。寮生は朝五時半に起床後、自分の持ち場で掃除を始めるのですが、朝もやの中、エプロン姿で校門前を箒で掃く場面に感激。「わたしも掃きたい！」と思ったのです（笑）。ところが六年生の冬に腎臓病になり、中学受験はやめました。

高等科入学から、寄宿舎生活が始まりました。学期ごとに組み替えになる「お部屋」と呼ばれる場所が生活の場です。「お部屋」は中学一年から学部一年（一般的な短大のようなところ。当時は二年制）までの縦割り組織。どんなことも上級生が教えてくれ、相談にのってくれたり、熱が出るとおかゆを作ってくれたりと、まるで家族のようでした。「自労自治」がモットーなので、調理師や清掃の方はおらず、食事は、上級生が考えてくれた献立を当番制で作り、掃除も、回り番でくる場所を交替で掃除します。

勉強面ではだいぶ苦労しましたが（P．160）、全国から集まって一緒に暮らした学友とは、年代を超えて今でもかけがえのないお友達です。わたしが誰とでもすぐ打ち解けて仲良くなれるのは、この寄宿舎生活の成果かもしれません。

また、「時間を逆算して行動する」というわたしの基本姿勢は、この寮生活から身についたと思います。十八時に夕食を食べたいなら、十七時には家に到着したい、それなら何時に現地を出るといいか、というような日々の予定の立て方のことです。これは今もまったく変わりません。

五年間の学校生活は楽しかったけれど、窮屈なことも多く、しばらくは「自由学園の匂いがしないところで暮らしたい」と、卒業後は函館に戻って就職するつもりでした。当時、幼児生活団という「友の会」のつながりの幼稚園のような集まりが函館にもありました。そこから、来てほしいという依頼を受けていたのですが、それとは別に父には就職のことを相談していました。父は、「お願いすることはできるよ。でもそれは洋子でなくてもいいところだ。生活団は、洋子だから来てほしいと言っているのだろう。必要とされる場所で働くという選択肢はないのか」と言うのです。当時、周りに働く女性が多かったわけでもなく、「これがしたい」という仕事があったわけでもありません。「ハイヒールを履いて、お給料をいただいて、自分のお金で好きなものを買いたいなー」と思っている程度。両親がそう言うならばと、幼児生活団に行くことにしたのです。

さて、それでも自由学園の関連団体である、「全国友の会」には入会していませんでした。「友の会」とは、雑誌『婦人之友』の読者が集う場として誕生したもので、現在では全国に一万五千人ほどの会員がいます。当時のわたしは何せ、

「自由学園の匂いがしないところへ行きたかった」ですし、なんでも簡単にしたがるわたしのような面倒くさがり屋には、絶対合わないと思ったのです。それが幼児生活団のベテラン先生からは「そろそろ入ったら？」なんて言われるし、しまいには、小学校からの親友が「友の会」の会員になっていたことが判明。頑なに入会を拒む理由もなく、それなら入ってみるかと「友の会」の仲間になったのが、もう今から約五十年前のことです。以来、辞めることなく、四十年以上にわたって料理講習の講師として活動したり、地元ばかりではない係も務めましたから、人生って本当に不思議な巡り合わせの連続です。

あのとき就職しなかったのが正解かと問われると、それはよくわかりません。今は本当によかったと思っていることは事実ですが、「就職していたらどんな人生が待っていたのかな？」と、思わないこともありません。「ちょっとくらいしてみたかったな」とも思っています。けれど、この道を歩んできたからこその出会いがあり、今のわたしがあると思うと、「結局は歩んできた道がもともと決められていた道だったのかな」なんて思うこともあるのです。

今も昔も、ずっと仲間に支えられています

高校から地元・函館を出ましたが、幼なじみや小学校のお友達とはずっと仲良くしています。先日、函館に行ったときには、大の仲良しさんがわたしの好きそうなお店を予約してくれ、その日はおしゃべりに時間を忘れるほど。このお友達が、気づいたら「友の会」に入っていて、わたしの入会の後押しになった彼女です。お互いに悲しい思いもしているけれど、一緒にいるだけで癒やされます。

夫が亡くなったとき、最初に電話をかけたのは自由学園のときの友人でした。わたしは知らなかったのですが、当時彼女のご主人は入院中で大変なとき。ですが、ご主人が「すぐに行ってあげるといいよ」とおっしゃってくれたのだそう。そして、その二か月後、彼女が、「今、主人を連れて家に帰るところ」と、最初に電話をくれました。多くを話さなくても悲しみが痛いほど伝わりました。

また、夫が亡くなって一年目のその日、一人で迎えるのがつらいと言ったら、亡くなった時間をはさんで、ずっと電話でおしゃべりしてくれたのも自由学園の友人。あのときのやさしさは忘れられません。その彼女のご主人も一年前に亡くなりました。三人の夫たちがいつも天国で見守ってくれていると信じています。

夫が亡くなったときは、「苫小牧友の会」の仲間たちにも本当に助けられました。委員会の最中に夫の訃報が入り、その後、家族や親族が来るまでずっとわたしに付き添ってくれたのです。お食事を運んでくれたり、身の回りのことを手伝ってくれたり、いつもそばで見守ってくれたことへの感謝は尽きません。

定期的に行う食事会のメンバーは、大人になって苫小牧で知り合った、言いたいことはなんでも言い合える同士です。お食事はわたしが、デザートは巷のおいしいもの探しが得意なメンバーが調達。食後のコーヒーも、誰かが淹れてくれます。この四人での集まりをとても楽しみにしています。

行く先々で多くの親しいお友達に恵まれました。わたしの人生を考えたとき、その大部分は、信頼できる友人に支えられてきたという事実で染まっています。

小学生から新米ママまで。いろんなひとに家庭料理を伝えてきて

夫が亡くなったとき、「家族の食卓を大事にしてきたわたしに、なぜ家族の食卓がなくなったのだろう」と、自分の役割を考えたと書きました（P.40）。この頃、「苫小牧友の会」の仲間と一緒に考え出したのが、家庭料理のいろはを教える「新米ミセスの料理教室」と、小学生にご飯の炊き方と豚汁の作り方を教える「小学生あつまれーっ！」です。子どもたちは、友達同士誘い合って来るようになり、やがてご飯と豚汁だけとはいかなくなりました。「なにを教えたら喜んでもらえるかしら？」とメニュー決めは至難の業でしたけれど、これもまた楽しい作業。ひとつ終わると次、というように、頭も体もフル回転のときでした。

時代の流れとともに小学生は忙しくなり、新米ミセスだった方たちもお仕事に就くようになり……それでもどちらも十年ほど続きました。また、それ以前から

行っていた料理講習会は「おもてなし講習会」へと形を変え、こちらは、コロナ禍になるまで続きました。ここにもいつも「友の会」の仲間がいました。

　最近、オンラインで料理講習をしたのですが、そのお誘いをくださった富山の方が、なんと三十年近く前のおもてなしメニュー教室に参加された方でした。「あのときのレシピ、今でもあります。子どもの誕生日会など、全部あれで作ったんですよ」と感激するお言葉まで。あとで送ってくださったわたしの手書きレシピの写真を見て、「こういう時代もあったなぁ」としみじみ思ったものです（レシピは今も手書きですが、料理の絵も描いて色まで塗っていたのです！）。

　聖書にも登場する、「タラント」という言葉をご存じですか？　才能や賜物など、神様からいただいたものを意味します。神父様は、「神様からいただいたタラントは神様にお返ししなければならない」とおっしゃっていました。そして、「隣にいるひと皆がそのひとだよ」とも。わたしにはまだまだ差し出せる時間があります。平塚さんからいただいたもの（P.58）、そして自らのタラントを神様にお返しする気持ちで、これからも料理を伝えていきたい。そう思っています。

転機となった『あさイチ』の出演

ＮＨＫの朝の情報番組、『あさイチ』に料理のスーパー主婦として出演したのは、偶然の巡り合わせでした。もともと「全国友の会」に「料理を教えてほしい」と依頼がきたのですが、前取材にいらしたところ、「こんなに丁寧にするのは、忙しい主婦の方には難しい」というご意見。料理が不得意だったり、作るのが面倒だったり、料理に苦手意識を持つ方ができる〝簡単な方法〟を教えてほしいということで、白羽の矢が立ったのが、北海道にいるわたしだったのだそう。

放送まで一か月を切っている切羽詰まったスケジュールで、打ち合わせもそこそこにいざ本番へ。披露したのは、もともと面倒くさいのが大嫌いで、なんでも簡単にしたいとずっと思って工夫してきた、わたしのいつもの料理です。「友の会」の料理講習で長年講師をやっていましたから、手を動かしながら口を動かして説明するのは慣れていました。ですからわたしにしたら、番組収録も基本的には通常運転。けれど、見てくださった方からは、「こんなに簡単にお料理ができるんだ！」という感想を、それはもうたくさんいただいたのです。

番組では、日々の料理や献立作りに悩みを持つ、通称「お困り主婦さん」のお宅へお邪魔して、調理の工夫をお伝えしました。その「お困り主婦」のひとりであった手嶋智佳子さんに、お話を伺ったときのこと。彼女は料理ができないわけではありませんでした。それはもう毎日、一生懸命、料理を手作りしていらっしゃる。「こんなに気合いを入れてやっているの？」とわたしが驚くぐらい。「あなたはすでにとっても頑張っているわ。頑張りすぎなの。頑張らなくていいのよ」と何度も伝えたところ、彼女は「こんなに褒められるなんて思わなかった」と、いたく感激されたそうです。見てくださった全国の方からも、「頑張らなくていいと言われて泣いてしまった」というお便りが、それはもう山ほど届きました。今でもそのファックスは大切に保管しています。

わたしは料理が好きですが、料理を〝頑張る〟という意識はないんです。『あさイチ』に出演して、こんなにも料理に苦手意識を持っている方がいること、こんなにも〝頑張って〟日々台所に立っている方がいることを、初めて知りました。「そんな方々が料理を楽しめるようになったら、そのひとはもちろん、きっと周りにいる家族もどれだけ楽しい気分でいられるだろう。ああ、わたしはこれまで自分自身が料理を楽しんできたけれど、その楽しみを自分だけのものにしないで、こうやってお伝えして、楽しさをおすそ分けしていく必要があるんだ」。そう強く思わせてもらった機会でした。同時に、「友の会」の料理講習をしていたとき、若い方がとっても喜んでくれたことも思い出されました。

当時、わたしは還暦でした。手嶋さんは、「わたしもこんな六十になりたい!」と、「友の会」への入会を決意。「まずはどんなところか見てからの方がいいわよ。わたしみたいな、面倒なことをすべて簡単にしたがる、おかしなひとばっかりじゃないんだから!」と、わたしや周りのひとの方がむしろ必死で止めたぐらいですから、笑っちゃいます。それでも彼女の決意は変わらず、去年お会いしたときには、「松戸友の会」代表を務めて、パワフルに活躍されていらっしゃいました。

わたしは、料理は手作りにこだわる必要はないと思っています。今なら、栄養バランスも考慮された宅食サービスもあるなど、外食のみならず、お金に頼る方法も種類もたくさんあります。ただ、手作りのいいところは、何が入っているのかがわかること。自分と家族の健康管理もできるところにあると、わたしは思っています。この前、どうも料理をする気力がなかったので、〝デパ地下〟でお惣菜を二つ買いました。ひとつはとってもおいしかった。けれどもうひとつ買った揚げ物が、食べたあとにどうにも胃がもたれる。材料が印字されているとはいえ、どんな油を使っているかまでは、わかりませんものね。

テレビ出演をきっかけに、レシピ本でも料理を手軽に楽しむ方法を伝える機会に恵まれました。出演後初めて出版した『かんたんがおいしい！』（新潮社）では、読者に男性も多くいたとお聞きしました。ささいなきっかけでご縁が生まれ、そのご縁がまた別のご縁を生んでと、大きな輪をつくってくれた『あさイチ』出演は、やっぱりわたしのターニングポイントとしか言いようがありません。

点がつながって線になってきた。人生まだまだ面白い！

インスタのフォロワーさんが、どうもわたしのことを以前から知っているようだけど、わたしは記憶にない。逆に、わたしはなんとなく過去どこかでお会いしたような気がするのだけど、相手はわたしのことは知らぬ存ぜぬ。そんな出会いが幾度かありました。講習会などで実際にお会いする機会に恵まれ、よくよく聞いてみると、函館で幼児生活団の先生をしていたときに通っていたお子さんだったり、お友達のお嬢さんで、彼女が二歳のときによくかわいがっていた子だったり。六十を過ぎてから、そういった点が線につながるような出来事にたくさん出合い、「人生って面白い、まだまだ未知なる世界がある」と感激しています。

とくに苦手なひとなんか、「別にこのときに出会わなくてもよかったのに」と思うこともありますが、そんな関係が時を経て変化することもあったり、困ったときに思わぬ相手から手助けがあったり、本当に人智を超える世界が広がっていると実感しています。父は「洋子は運命論者みたいなことを言う」とよく言っていたのですが、歳を重ねてますますそんな人生の数奇な巡り合わせを感じては、驚かされているのです。ただただ「好き」から始まった料理も、家族、仲間うちから、テレビや本を見てくれる方へと、四方八方へ広がっていきました。それも、当初はまったく入るつもりのなかった「友の会」がきっかけと思うと、やっぱり神のみぞ知る、不思議なご縁を感じて仕方がありません。

日本キリスト教海外医療協力会の派遣ワーカーとして、インドネシアやバングラデシュなどで、現地の栄養改善活動に取り組んでいる小林好美子さん。夫が亡くなったときに、お手紙をくださいました。「なんでもどんなことでも意味があるから、あなたのなかに貫いている一本の道を見つけるといい。それをやり続けるといい」。そう書いてあったことが、今改めて思い出されます。

点が線になり、さらには形をつくって、この本の向こう側にいる方とこうして「お会い」できている今がある。そんな不思議に、大きな感謝を込めて――。

My history *Column 5*

旅立ちのときの、カニ雑炊

高校から自由学園で学びましたが、勉強の仕方も一般の学校とかなり違うため、中学まで地元の学校に進んだわたしは、勉強面ではだいぶ苦労しました。テストといっても、漢字テストのように暗記しておけば解けるものじゃない。１年間で自分が何を学んだのか、それらをレポートにまとめて提出するようなもので、なかなか慣れず、「試験をやってくれた方がよっぽどいいのに」なんて思ったものです。だから、娘が生まれたとき、「もしここに進学させるならば、絶対中学からだ」と考えていました。

娘も自由学園へ、という強い希望があったわけではありません。でも、夫の親戚は東京にいて、なかには自由学園の出身者もいたり、娘と大の仲良しのわたしの末の弟も当時は逗子に住んでいたりして、流れに身を任せるように、娘は中学から自由学園へ通うことになりました。もともとわたしは夫の親戚のところやお買い物で東京へはしょっちゅう行っていましたから、子どもにとってもきっと東京は遠い場所ではなかったと思います。

さて、無事入学を果たし、息子と夫との3人暮らしが始まります。普段はいいのです。でも、東京は夏休みが北海道に比べて長いでしょう？　夏休み中、娘は帰省してわが家で過ごすことになるわけですが、この一緒に過ごした休みのあとの別れが、とても寂しく辛いのです。中学１年生のときの初めての夏休み、50日ほどの休みを終えて東京に帰るときのこと。数日前から娘が決心してひとりで頑張って帰ろうとしているのが、経験のある親のわたしにはその表情からよくわかるのです。でも、わたしがその寂しさを口に出してしまったら、きっと2人で悲しくて涙が止まらなくなる。それがわかっているから、わたしも娘と一緒に我慢して。そして明るく「帰る日の朝は何を食べたい？」と聞くと、小さな寂しそうな声で（と、

いただいたタラバガニの缶詰をとっておいて、娘に作ったものです。

From my memory

思い出のひと皿

鍋に出汁を入れて火にかけ、塩少々を加えて煮立ったら、洗って水気をきった冷凍ご飯適量とカニ缶（1缶で2人分）を缶汁ごと加えます。再び煮立ったら、溶き卵と水菜を入れてフタをすれば、わたしのカニ雑炊の完成です。立派なカニ缶なら、身が崩れないように、溶き卵と水菜を入れる直前に加えるのがおすすめ。お手頃なカニフレーク缶でも十分おいしく作れますよ。

大沼の自宅近くで家族写真を。ほどなくしてここを離れて苫小牧へ。

わたしには聞こえました）「カニ雑炊」と言うのです。当日の朝は、作ったわたしも食べている娘も無言で、この楽しかった50日間のことを考えていました。

夫と一緒に娘を空港まで送りに行ったのですが、ゲートをくぐるとき、わたしは涙が止まらなくなりました。そんなに面白いわけじゃない（!?）あの学校にひとりで帰すのが、もうかわいそうでかわいそうで仕方がなかったのです。ボロボロと号泣してしまいました。夫は父親ですから、やっぱり涙は見せませんね。「これから先、夏休みに帰るたびにそうやって泣くの？」と静かに諭されたことを覚えています。娘は娘で、寄宿舎にお友達がたくさんいましたから、行くときは寂しくても、東京へ着いたらまた楽しく過ごしていたとは思うのですけどね。

それ以来、わたしは帰省した娘が東京に戻るときには、カニ雑炊を作って送り出すようになりました。いつかの結婚式で見送った朝も……♡ お式を終えて空港で見送ったとき、過去に号泣した自分を思い出しました。だけど、もちろんもう、悲しい涙は流しません。お婿君と一緒の幸せそうな娘の笑顔を見ながら、健康と幸せを心から祈りました。そして夫は、お婿君に「返品不可だよ」と、ひと言添えて（笑）。

6

〝今、ここ〟を大事にしながら、これからを想う

「これからどうなっていくかわからない」という、不安と向き合う

ひとり暮らしになって二十年経ちましたが、わたしにも人並みに寂しさを感じるときはあります。真冬、雪がちらついているところに買い物から帰ってきたとき。車から荷物を両手に抱えて駐車場を歩いていると、なんともいえない寂しさに包まれます。でもそれは、夫を亡くしたときに思った、「ひとりで寂しい」という感覚ではなく、「これからどういうふうになっていくのだろう」、「いつまでこんなふうに暮らせるかな」という、未来への不安に伴う寂しさです。

一番寂しく思うのは、「いつまで車の運転ができるか」ということ。仕事で札幌に行くときは、現在は「もしも」を考えて公共機関を使うようになり、そのよさも実感しています。乗車中は、少し眠って体を休められたり、スマホをいじったり、仕事のことを考えたり、全移動時間がわたしの自由時間。寝過ごして終点

までなんていううっかりミスは、ご愛嬌のうち。けれどわたしにとっての車は、単に生活の足というだけでなく、日々の喜びを生み出す、相棒のような存在にもなっています。年に三回の恒例行事（P．66）は、車でしか行けない場所ですし、教会で弾くために、車内で聖歌を流して楽譜を頭に入れながらのドライブも、よい気分転換になっています。運転してコストコやショッピングモールへ買い物に行くことも、大好き。「お買い物に行けなくなったら、宅配をお願いすればいいのよ」なんて簡単に言う先輩方も、いっぱいいるのですけどね。

でも一方で、「どうなるかな」、「何が待ち受けているんだろう」と、どことなくワクワクする気持ちが、まったくないわけではありません。悩むことすらも、きっと面白がれるはず。ですが、まだ完全にその境地にわたしは辿り着けていない、といったところでしょうか。ひとつだけ願いが叶うなら、「あと三か月で、今抱えている不安から抜け出せますよ」とか、「一年後には、今の悩みの答えが出ていますよ」なーんて合図を教えてくれたなら。そんな絵空事を描いては、ただただ現実を受け止めるしかないと思う、その繰り返しです。

「白」と「黒」だけじゃない。その間もあることを知りました

昔から決断が速く、好き嫌いがはっきりしています。だから、「どっちつかずのことを言う方とはちょっと合わない」と思ってきました。自分と意見が違う方はいいのです。「わたしはこう思うけれど、あなたは逆なのね」と思うだけ。意見が違うから嫌いということは、一切ない。けれど、うんと悩んだ挙げ句に「どっちでもいい」、「わからない」などと言うひとが、大の苦手でした。「自分の意見なんだから、もっと正直にはっきり主張すべき」と考えていたからです。

そんなわたしを、外国に知人も多く、「イエス」か「ノー」いずれかに決断を迫られる場面の多かった父は、よく褒めてくれました。けれど母はこう言ったのです。「イエスかノーも大事だけど、グレーというのだってダメなことではないんじゃないかしら」と。当時のわたしは「やっぱり母とは合わないわ」と思ってい

たのですが、歳を重ね、その意味がわかってきました。どちらか一方に決断することが、わたしの「正直」であるように、考えた末にそれでも答えが出ない場合、判断を保留にしておくことも、そのひとにとっての「正直」なのだと。「わからない」、「どっちも同じ」こそが、そのひとにとっての嘘偽りのない答えなのだ、と。

以前、母が「洗礼を受けたいのだけど、あなたはどう思う?」と相談してきたことがありました。「そんな大事なことを相談するなんて。自分で決めるべきことなのに」と小さく憤ったわたしは、ありのままを神父様に話しました。すると、「お母様はあなたに相談しようと決めたんだよ」とだけおっしゃいました。神父様はそれ以上何も言いません。でも、その一言だけで「ああ、そうか」と、得心がいきました。母は、わたしだからこそ、洗礼という自分にとって大事な出来事を相談した。それが悩んだ末の母の正直な決断だったと、わかったからです。

わたしは歳を重ねることで、ひとへの許容範囲が少し広がったようです。「丸くなったね」とも言われるように。よいのか悪いのかは自分ではわかりませんが、その変化は、これからの人生の〝生きやすさ〟につながっているかもしれません。

今、この瞬間を心地よく暮らしたい

札幌などへ仕事で向かうときは、公共交通機関を利用すること。家を空ける場合は、部屋を掃除していつも以上に整えてから出かけること。長期出張に行く場合は、保存が利くもの以外は冷蔵庫の中のほとんどを食べ尽くしてから出かけること（だいたい出かける一週間前から意識して、冷蔵庫のものからせっせと片付けるように努めます）。

歳を重ねてから、わたしが「もしも」のことを考えて心がけていることは、このぐらいです。エンディングノートもつけていなければ、積極的に断捨離をして、身辺整理を進めているわけでもない。なんだかとても自分勝手なようにも見えますが、どうなるかわからない先のことを考えて、〝今〟の行動に影響を与えるよりも、ただ、目の前にある〝今〟を楽しみたい。いつも「今が一番心地よい」と思って暮らしていいたい。その瞬間を積み重ねながら、日々を過ごしていきたいのです。そしてその上で、まだ見ぬ先の暮らしを、のんびりと待っていたい。

小さい頃は、よく父から「洋子は明後日を向いているね」と言われました。その真意は、「先々のことを考えるのはいいことだけど、どうしても〝今〟が希薄になりやすいよ」という、忠告も含まれていました。確かに自分でも思い当たる節はあって、どことなく上の空で、どうも足元がおぼつかないところがありました。父が言うには、船に乗っていて天候が荒れたとき、船員たちがどこを見ているかというと、皆、船長の顔を見ているとのこと。船長が不安な顔をしていたり、険しい顔をしていたりすると、船員たちに動揺が大きく伝わる。だから父は、「いついかなるときも、何があっても大丈夫だと、彼らを強く安心させられる存在でいたい」と、よく話してくれました。

わたしはどうやら、ようやく、目の前に与えられた〝今〟と〝ここ〟に重心を置いて、日々を歩んでいるみたいです。楽しみを見いだしながら暮らしを続けたその先に何が待っているか、そんなお楽しみを胸に秘めて。

不用品を処分したら、自分の〝好き〟が凝縮された世界になりました

五十代後半に、「寝室をホテルみたいにしたい」と思い立ち、大きな洋服箪笥と整理箪笥を手放しました。今寝室にある家具は、夫と一緒に使っていたダブルベッドと、下着類を収納した小さな箪笥、ベッド脇に置いたサイドテーブルのみ。すっきりと片付いた寝室は、まさに理想通り。思った以上に大きな家具の圧迫感たるや、すごかったのですね。また、寝室も含めて背の低い家具ばかりにしたことで、地震などで家具が転倒する心配もなくなりました。

持参すれば粗大ゴミを処分してくれる施設（P．80）があることを知ったことは、ここ最近で一番のヒットでした。父のお土産の立派な象牙や、古くなったお客様用のお布団類、壊れかかっていたスタンドミラーなど、「今のわたしに必要ない」と思ったものは、すべて処分してきました。不要とわかっていながらも、

愛着がありすぎてわたしの手ではどうすることもできなかった娘のお雛様と息子の五月人形も、ついにお別れを果たせました。なかなか手放せないわたしを見かねて、娘が「わたしたち自身が捨てるのだったらいいんでしょう?」と一言。わたしがゴミ処理施設に行くときに娘と息子も一緒に来て、彼ら自身で自分たちのお人形を手放してくれたのです。手元に残したのは、わたし自身の雛人形のみ。

わたしは決して、ミニマリストではありません。いたずらに「物を減らしたい」とも思っていませんし、〝持たない暮らし〟を理想とはしていません。ただ、自分が好きなものだけに囲まれて暮らしたい。ひとり暮らしなら、自分次第でそれが実現可能です。ゴミ処理施設の存在を知って不用品を処分したら、ますます自分の好きなものだけに囲まれた世界になりました。それは想像以上に心地よい空間。時間があるときは、お茶を淹れておやつも用意してセッティング。「ちょっと違うかも」と思ったら、お皿を替える余裕すらあります。そんなゆとりのあるひとときも、そういう時間を過ごしている自分も、好き。そうやって自分の〝好き〟を幾重にも重ねた空間に身を委ねることに、とびきりの幸せを感じます。

親子のほどよい距離感って難しい。
うちの娘と息子の場合

料理撮影ではスタイリングをお願いすることも多く、娘とは日頃から公私共にいろんなことを話しています。わたしのインスタもよく見てくれて、「ママ、最近写真がよくなってきたよ」と褒めてくれたり、わたしの着ている服を見て「それはもうやめた方がいいよ」とアドバイスをくれたり。忖度も気遣いもゼロの率直な意見は、身内だからこそ。容赦なく厳しいときもありますが、誰よりも信頼できる意見です。娘からの愛ある喝だと思って素直に聞き入れている、というわけ。何せ娘に教えてもらったまつ毛美容液も、とっても面白かったですしね。

一方で、性別が違うとまた関係性が変わるもので、息子とはこれまではさほどやり取りが多くありませんでした。母としてはあれこれ心配だし、いろいろと聞きたい気持ちはやまやまですが、逐一聞くとうるさがられる。ということで遠慮していたのです。息子の方も、わたしに対して思っていることはあっても、娘のようにはズバズバと言わない。何を言っても「大丈夫です」「わかりました」……。

それが一昨年、息子が生死の境をさまよう事態になってから、ちょっとだけ親子の関係に変化がありました。脳梗塞で倒れた息子は何日間も意識が戻らず、血の気が引く思いとは、まさにこのこと。「命に別状はないから、もう少しで意識が戻りますよ。もし戻らなかったら、そのときは覚悟してください」と言われ、わたしはまるで生きた心地がしませんでした。結局、夜の遅い多忙な仕事を理由に、不摂生な食生活を送っていたことが主な原因。以来「おはよう」の挨拶くらいはLINEでしようと互いに決め、さらには体重も送ってくるように伝えました。あれから二年過ぎましたが、毎朝「おはようございます、◯キロです」とLINEがきます（今は体重報告は月に一度に）。

意識のない数日は眠れませんでしたが、幸い後遺症も残りませんでした。何も音沙汰のないときのことを思えば、少しはよくなったとは思うものの、何でも話す娘と何を考えているかわからない息子。いつまで経っても難しいものです。

子どもに言っている唯一のこと

いわゆる終活の類いはしていないとお話ししました。年賀状じまいも、今のところは考えていません。毎年大変だと思いつつも、久々にご挨拶をいただくのも格別に嬉しいし、百歳を超える大先輩が今も変わらずに送ってくださることも、励みになって続けています。自分がいなくなったあとは「こうしてほしい」という強い希望もないので、子どもには「銀行の暗証番号だけは伝えておかないと」と、そのぐらい。いつまでできるかはわかりませんが、仲間と協力しながらでも、ひとり暮らしを続けるつもりでいます。

そんなわたしが、唯一、娘と息子に伝えたことがあります。

高齢になると、いつその身にどんなことが起こるかわかりません。とくにひとりで暮らしていると、家での異変に周囲の誰かが気づく機会も、圧倒的に少なくなる。そのときに、「自分たちがひとりにさせておいたからだ」とは絶対に思わないでね、と。

母も八十歳ぐらいのときに、わたしに同じことを言いました。もしも、わたしがひとりで家にいるときに最期を迎えたとしても、わたしをひとりにさせておいたせいだと子どもが思う必要は、絶対にない。「この先わたしがボケたりして、おかしなことを言い出すことがあるかもしれないし、まったく別のことを話しだすかもしれないけれど、今話していることがわたしの本心だから」とも加えて、わたしも、母と同じように子どもたちに伝えました。

夫は退職して二年後の、六十二歳で他界しましたから、はたから見れば若くして亡くなったことになります。けれど、彼は自分の人生を謳歌して逝ったと、わたしも家族も心からそう思っています。晩年の二年間は、期せずして二人で日本全国を飛び回る旅行三昧の日々でした。「友の会」関連で道内各所へ向かう必要があるときは、必ず夫が車で送ってくれました。わたしの仕事中、彼は現地の市場で買い物を楽しんだり、道の駅のスタンプラリーに興じていたり。真冬しか開催していないペンギンの行進を見に、旭山動物園へ行ったこともありました。京都では能を楽しんだり、淡路島でおいしい玉ねぎを食べたり、神戸では牛肉をいただいたり。日光では猿軍団のショーも楽しみました。亡くなる二か月前には、東北の五大祭りにも。一週間前には、わたしがかねてより敬愛している作家で精神科医のなだいなださんが苫小牧に来てくださることになり、夫は初めて先生にご挨拶ができ、二日間一緒に過ごしました。亡くなる前日は、大好きなゴルフに行っていました（どうもゴルフはしていなかったようですが）。

残される家族というのは、どうしたって悲しいのです。今までいたひとがいなくなることは、この上なく悲しく、寂しいこと。でも、「不在」という事実以上の辛い思いを、残された家族にさせたくない。きっとそれは、誰しもが希望することではないでしょうか。大事な家族を苦しませたくない、辛い思いをさせたくない。それだけが、わたしの亡きあとに望む、唯一の願いです。

白い恋人
Shiroi Koibito
GUARANTEED

こうありたいと思う、九十五歳の母の現在

わたしの母は現在、九十五歳。高齢者向け施設に入居しています。歳を重ね、遠方での母のひとり暮らしを心配した子どもたち（わたしと二人の弟）が、三年前に半ば強引に、これまで住んでいた函館から、わたしの住む苫小牧に来てもらうことにしました。それで本当のところ母は現状をどう思っているのか、ずっと気にしていたのです。それが、「わたしね、この歳になってこういう生活が待っているなんて思わなかったわ。窓を見ていると海に船が入ってくるのが見えるし、夜は窓から見える銀行のビルが何分おきかにいろいろな色に変わるの。とってもきれいで嬉しいのよ」なんて言うのです。

驚きました。母が暮らすのは、十一階にあるひと部屋で、太平洋と苫小牧の街が一望できる、確かに眺めのよい一室です。でも、突然知らない街に来て、もち

ろん周りは知らないひとばかり。慣れない暮らしにさぞかし不満もあるだろうと気を揉んでいたわたしは、拍子抜けしたと同時に「このひと、すごい」と思ったのです。きっと何かしら苦労はあったはず。かといって強がって「今の暮らしが楽しい」と言っているわけでもない。きっと母は与えられた暮らしを存分に楽しもうと努めていて、その結果、今を楽しめているのだと思いました。

「最初は知らない方ばっかりだったけれど、こうやって一緒に暮らしていると、だんだん親しさがわいてくるものね。レクリエーションでちょっとお知り合いになった隣の方を訪ねてみたり、お菓子を持っていったりして、なんだか同じ歳のお友達と一緒に暮らしているような感覚よ」

さらには、「ここに来て一度も嫌な思いをしたことがないのよ。職員の方はみんなやさしくて……」と。料理上手の母でしたので、「ごはんはどう？」と聞くと、「こんなものでしょう。自分で作らなくてもこうやって三度お食事が出てくるんだから、ありがたいものよ。お茶も淹れに来てくださるし。こんなに長生きすると思わなかったけど、長生きしてよかったわ」と話します。果たしてわたしだったらそんなふうに思えるでしょうか。こだわらずに、与えられた状況をありがたく受け入れて、そのなかで存分に楽しむ。これからさらに歳を重ねたとき、「わたしもこうありたい」と、心から強く思いました。それと同時に、小さな頃からずっと「母とは合わない」と思っていた印象が、ガラリと変わった出来事でもありました。

このところようやくわかったのは、母も大概自由人だな、ということです。

現代の社会状況を踏まえると、わたしのときは、母のように施設で手厚い介護サービスを受けることは難しいだろうと想像しています。でも、そんな恵まれた未来でなくても、与えられた暮らしをめいっぱい楽しめるような自分でありたい。楽しい暮らしって、誰かがつくってくれるわけではなく、楽しいと感じられる自分の心があってこそ、でき上がるものだと思います。すぐに「楽しめ」って言われてもそれは土台無理な話でしょうから、「今が楽しむ訓練を重ねているときであるのかも？」と思ったりもしています。

みんなの〝得意〟を持ち寄る理想のホームを妄想してみたり

「いつかは自分も高齢者向け施設に入るかも」という考えが、頭をよぎらないわけでもありません。

でも、そんな自分の老後を考えたときに浮かぶのは、サービスの整った高齢者住宅ではないのです。それは、同年代の親しい仲間うちで、それぞれの得意分野の知恵を出し合って暮らす、まだ例を見ない在り方。今の時代、家族も当てになりませんし、当てにしたところで気を遣い合って暮らすぐらいなら、気の合う仲間同士で気楽に暮らせたらいい。例えばわたしの〝得意〟は料理ですから、献立作りに食事の当番は引き受けましょう。何もご馳走を作る必要はないのだから、みんなの毎日のごはん作りぐらいなら問題なし。大きなお屋敷に住んでいる方がいたら、住まいの提供はその方に。日曜大工が得意なひとには、日々の修繕をお願いして、という具合。そんな夢みたいな話が現実になったら素敵です。そのためには、最低限まず自分が健康であることが大事ですから、健康寿命が長くなるように心がけたいと思っています。

それともうひとつは、歳を重ねても今と変わらずに自分で自分を楽しくする方法を生み出そうとする、その心意気は失わずにいたいと思っています。日常に転がる面白いことを見つけるのではなく、なんでもないことをいかに自分が面白がれるか。毎日どこかに、〝楽しい！〟を見いだす暮らしを続けたいです。

先日、母とツーショット写真を撮ろうとしたら、お澄ましした顔で写ろうとするので、「ダメダメ、笑って！」「もっと笑って！」と、何度かのダメ出しのあと、ようやく微笑んだ顔でパシャリ。わたしは撮影中、母を笑わせようとずっとゲラゲラ笑っていたのですが、不思議なもので、笑うとなんだか面白くなってきます。面白いから笑うのではなくて、笑ってみたら面白くなってきた、という感じ。笑うたびにおかしくなって、さらに笑顔が大きくなる。そんなふうにして、気の合う者同士で、ますます楽しい生活を送れたら、と妄想しています。

おわりに

六十歳のときのテレビ出演をきっかけに、以降、
これまで出会うことのなかったたくさんの方々とお会いすることができ、
たくさんのお仕事もご一緒させていただきました。
すべてが未知の体験で、それはもう楽しくて仕方がなかったのですが、
同時に、「社会で働く方々は、とても謙虚だなぁ」と、
感心したことを思い出しました。

わたしには、いわゆる〝お勤め〟という経験がありません。
自由学園の最高学部を卒業して以来、
似たような世界で活動してきたものですから、
こうやって振り返ってみると、まったくもって世間知らずで、
そのわたしの無知さゆえに、多くの方を傷つけたことも

きっとあったのだろうと省みました。


「友の会」で長年一緒に過ごしてきた慕わしき仲間には、さっそく
「なんかわたし、今までいろいろ迷惑かけていたよね？　ごめんね」

と謝ったのですが、

「でもね、足立さんからもらったものもたくさんあるのよ」

と笑ってくれて。

改めて、ひととの巡り合いが
わたしの人生に多くの実りを与えてくれたことを実感し、
そのご縁には、ただただ感謝するしかありません。

「自分の暮らしをデザインする」


もうだいぶ昔になりますが、「友の会」の講演会に行ったとき、デザイン評論家の故・柏木博さんがこうおっしゃいました。

当時は、まだ家族と一緒に暮らしていて、慌ただしく奔走していたとき。

「デザインするって、そんな時間ないよ」なんて思いながらも、不思議と心に残って、今までずっと忘れずにいた言葉です。

その言葉が、未知の世界へ向かっていく今のわたしに、フィットしていることに気づきました。


わたしがこれからの自分の暮らしをデザインするならば、背景は明るい色を塗って、できるだけ単純な線を描きたい。

いきなり大きなキャンバスに向かっても上手には描けないだろうから、小さい範囲から、少しずつ、コツコツと。

周りには、たくさんのお友達の絵も描かなくっちゃ。
ちょっと違うと思ったら消せばいいし、描き足すことだって自分次第。
今日と明日で、デザインが変わっていたっていいんだし……。

そっか、自分の暮らしって、自分で好きなようにデザインできるんだ！

耳に心地よく響いた言葉が、七十を超えてようやく腑に落ちたのです。
小さな悩みや不安は尽きないけれど、
わたしの隅々に今やっと深く刻まれたこの言葉を胸に、
これからのわたしの暮らしを、わたしのためにわたしらしく、描いていきたい。
ゆっくりでも、少しずつでも。今改めて、その思いを強くしています。
さて、あなたの暮らしは、どんなデザインにされますか？

足立洋子　あだち・ひろこ

料理家。１９５１年生まれ、北海道函館出身。自由学園最高学部卒業。雑誌『婦人之友』の読者が集う、「全国友の会」で、料理講師を四十年以上務め、２０１１年にはＮＨＫの情報番組『あさイチ』で料理のスーパー主婦として出演。自身がモットーとしている〝かんたんがおいしい〟料理を多数紹介し、大好評を博す。以降、講習会のみならず、書籍や雑誌、テレビやＷｅｂなどのさまざまな媒体で、料理が苦手な人の食卓を助ける手軽でおいしい料理を伝え続けている。

足立洋子オフィシャルサイト
http://adachihiroko.info/
インスタグラム　@hirokoa1208

デザイン
茂木隆行
スタイリング協力
小路桃子
写真提供
中林 香（P.181）
撮影
山田耕司、
中川菜美（P.109-112）
撮影協力
UTUWA
DTP
ビュロー平林
校正
小出美由規
構成・文
遊馬里江
編集
早川智子

さあ、なに食べよう？　70代の台所

発行日　2024年1月25日　初版第1刷発行

著　者　足立洋子
発行者　小池英彦
発行所　株式会社 扶桑社
〒105-8070
東京都港区芝浦1-1-1　浜松町ビルディング
電　話　03-6368-8873（編集）
03-6368-8891（郵便室）
www.fusosha.co.jp
印刷・製本　株式会社 加藤文明社

定価はカバーに表示してあります。
造本には十分注意しておりますが、落丁・乱丁（本のページの抜け落ちや順序の間違い）の場合は、小社郵便室宛にお送りください。送料は小社負担でお取り替えいたします（古書店で購入したものについては、お取り替えできません）。

なお、本書のコピー、スキャン、デジタル化等の無断複製は著作権法上の例外を除き禁じられています。本書を代行業者等の第三者に依頼してスキャンやデジタル化することは、たとえ個人や家庭内での利用でも著作権法違反です。

© Hiroko Adachi 2024

Printed in Japan
ISBN978-4-594-09648-9